学校はなぜ退屈で なぜ大切なのか

広田照幸 Hirota Teruyuki

★—　　ー新書

401

目次 ＊ Contents

一番広い世界／悲観主義と理想主義／貧困の減少、奴隷制の消滅／核戦争の脅威／地球温暖化問題／若い世代に期待する

はじめに

この本を読んでもらいたい人

この本を手に取ってくれる人は、どういう人でしょうか。「ちょっと勉強してみようかな」という学校の先生かもしれません。もしもそうだったら、どうもありがとうございます。現在の日本の学校の先生は、メチャメチャ忙しい生活を過ごされています。世界中で一番多忙かもしれません。そうした忙しい中で、「この本を読んでみようかな」と手に取っていただいて、そのことだけでも心から感謝いたします。

学校の先生には、「学校ってどうせこんなもの」「教育はこんな感じでやっていればいいや」といった、これまでの見方を少し変えていってほしいと思って、この本を書きました。現場で長く教育実践に携わっていると、つい固定観念やシニシズム（冷笑主義）にはまり込んでしまうことがあります。目の前の課題が「無理だ」とか「できない」というだけでなく、そもそも自分たちが何を目指すべきなのかを、見失ってしまうような状況です。そこから脱却するヒントを一つでも二つでも見つけていただければと思っています。

中学生や高校生の方がこの本を手に取ってくれているかもしれません。大学生の人かもしれません。どうもありがとうございます。実は、この本が主要な読者として考えているのは、そういう人たちです。「教育って何だろう」とか、「学校って何だろう」と疑問に思っている人は多いと思います。これらの問いに対して、私なりの答えを提示するつもりで書きました。また、いろんな議論をしていった後、最後の章は、〈自分探し〉について触れたうえで、若い人に向けてメッセージを述べるつもりで書きました。若い皆さんの生き方や考え方に、何か刺激になるものがあれば、この本を苦労して書いた甲斐があります。どうかぜひ、読み通してみて下さい。

学校の先生でも生徒や学生でもない、一般の方がこの本を手に取って下さっているかもしれません。どうもありがとうございます。一般の方にとっても、教育や学校という主題は、比較的なじみやすいものです。それぞれが生徒・学生だった時代の経験があるし、子どもや孫を学校に送り出していたりもします。だから、「こんな本を読まなくたって、教育や学校のことはわかっているよ」と言われてしまったら、それで終わりです。

でも、この本では、おそらく一般の皆さんが考えたこともないこと、知らなかったことが、いろいろ書かれていると思います。生徒や保護者として見る教育や学校と、専門的な学問である教育学の視点から見る教育や学校とは、少し違っているからです。だから、教育や学校について、「知ってる／わかってる」以外のものを見つけていただく読み方をしていただければ、きっと面白い気づきがあると思います。

「AとB」で議論してみる

本書は、七つの章のタイトルをそれぞれ、「AとB」という主題にしてみました。「Aについて」という主題にすると、どう論じていってもAの周りをぐるぐる回る議論になってしまうので、それでは面白くない。議論が広がらないわけですね。「AとB」というふうにすると、考えるべきことが自然に広がっていきます。

各章を「AとB」という主題で論じるのは、政治思想史研究者の故・坂本多加雄先生が、『市場・道徳・秩序』（創文社、一九九一年。のち、ちくま学芸文庫）などでお書きになっていたスタイルです。「おしゃれだなー」と感心していたので、本書を書くにあたってまねをさせてもらいました。ただ、私の本は、坂本先生ほど格調の高いものにはなりませんが。

「AとB」というふうに二つのものを単に並べてみたとき、具体的な両者の関係にはさまざまなものが考えられます。「AもBも（ともに大事だ）」というふうに考えられる場合もあれば、「AではなくてB」とか、「AよりもBを」というふうな議論も可能です。「AとBとの違い」を論じることもできるし、「AとBとの間のつながりや関わり」を論じることもできます。いろんな論じ方が可能なのです。

本書では、各章ごとに「AとB」の議論の仕方は違います。それぞれの章の主題に合わせて、「AもBも」だったり、「AではなくてB」だったりしています。「この章では、両者をどう関係づけているんだろう」と考えながら読んでいただければいいと思います。

筑摩書房の編集者である伊藤大五郎さんから、「ちくまプリマー新書を一冊書きませんか」というお誘いの手紙が届いたのは、二〇二〇年八月のことでした。私は「どうしようかな」としばらく考え込みました。すぐに承諾しなかったのには理由がありました。一般の人向けに、思いきり易しい文体で教育について論じるということを、私は四十代の頃にあえて意図的に試みたことがあります。でも、何冊か出したところで、私は一般の人向けに書くのをやめました。

私が書きたいと思っていたことの多くは、もうおおかた書いてしまったという思いもありました。「こんな雑文ばかり書いていたら研究者として先に進めない」と、研究者としての焦りも感じていました。それで、教育行政関係の業界の人向けに教育改革を論評するもの以外は依頼を断るようにして、最近までやってきました。

特にここ数年間は、研究者向けの専門的な学術論文を書くのに専念してきていました。「日本中で三、四人の研究者に読んでもらって、『面白かった』と言ってもらえればいい」というふうな論文です。「三、四人」というのは、きわめて専門性が高い学術論文の場合、その新しさや意義を正確に理解できる研究者は、日本中でそれぐらいの人数しかいない、というふうなものだからです。

そうした中で、伊藤さんから手紙が届きました。どう返事をしたらよいか、いろいろ考えているうちに、「一般の人向けに文章を書いていた四十代のときの自分には書けなかったものが、今なら書けるかもしれない」と考えるようになりました。四十代の頃の私は、個別課題の考察に追われていましたが、ミクロな教育実践からマクロな社会変動までの全体像を見通して論じていたわけではありませんでした。そこで、本書では、目の前の教育課題や教育改革の動向などとは無関係に、もっと鳥瞰的（ちょうかんてき）な視点で、教育や学校をどう見ていったらよいのかを論じてみることはできないか、と考えました。もちろんいろいろな研究者の著作は参照するけれども、「教育や学校というものを私がどう考えるか」を中心にまとめてみたら、それなりに意味のある議論ができるかもしれない、と思ったのです。

　ですから、この本は、ある教育学研究者の、教育と学校に関する長編のエッセイだと考えてもらえばよいでしょう。本書は、論を運びながらふと思い出したことまで書いていくという書き方にしました。その場合、「語る」スタイルで書くのが効果的だと思うので、そうします。エッセイですから各章は独自の主題を自由気ままに書いていきますが、最後には全体をまとめる形で話を完結させたいと思います。

第1章　教育と社会化

教育はなぜ失敗するのか

この章は、教育と社会化との関係を考えることで、教育の本質的な不確実性や限界について考えます。教育にできることは限られている。また、教育はしばしば容易に失敗してしまう。それはどういうことなのかを論じたいと思います。

まず、「教育とは何か」を簡単に述べたあと、教育と学習の違いについて論じます。次に、「社会化は教育よりも広い概念」という観点から教育と社会化の違いを論じます。その中で、学習と社会化とは意味が近いという話が出ます。そして、社会学の中にシステム論という理論がありますが、そのシステム論から見たときの教育の話をします。最後に、「教育は教師の思いどおりにはならない」というお話をします。

1　教育とは何か

教育の定義

　そもそも「教育」とは何なのでしょうか。私は、「教育（education）」を定義するとき、「教育とは、誰かが意図的に、他者の学習を組織化しようとすることである」という定義を与えています（広田 二〇〇九）。「教育とは何か」については、いろいろな人がいろいろな定義をしていますが、おそらく、最もシンプルな定義の一つだと思います。いろいろなものをそぎ落としてみて、最後まで残る重要な性質を、私は「教育」の定義に使っています。

　なお、たまに「自己教育」という言葉を使う人がいますが、私の右の定義では、残念ながら、それは「教育」の枠から外れてしまいます。「自己教育」という考え方自体は、自分を客観化・対象化することなど、興味深い主題をいっぱい含んでいるのですが、これを含まない形で教育を定義した上で、論を進めていくことにします。

教える側の意図

「教育とは、誰かが意図的に、他者の学習を組織化しようとすることである」という定義には、重要なポイントがいくつかあります。

一つ目は、「意図的に」です。つまり、こうなってほしい、こういうことを理解してほしいという、教育しようとする誰かの意図が存在しています。

たとえば、私が何かを求めてヒマラヤ山脈に出かけていって、広大な山並みをみて感動して、「ああ！」と何かを感じ取ったとしても、別にヒマラヤ山脈が「教育」についての意図を持って、私に働きかけてくれたわけではないですよね。「ああ、これだ！」というのは私自身が自ら気づくわけです。そこには教育しようとする誰か他者の意図は存在しませんから、この定義に沿えば、そこに「教育」は基本的には存在しないのです。

教育には教える側の意図が存在する、という点から、一つの難題が生じます。どういう意図を込めて教育するかという点に、多種多様な考え方があるということです。そのため、何を学ばせるべきか、どう学ばせるべきかについて、果てしない論争や対立が生まれてきます。

たとえば、「教育される側が嫌がっていても、無理やり学習させるべきだ」という議論もできれば、「本人が望むまで待って、やりたいと思ったときにやらせればいい」という議論もできます。また、「しっかりとしたカリキュラムを組んでおいて、どんどん順番に教えるのがいい」という意見もあれば、逆に、「本人が関心を持ったところを入り口にして、そこからどんどんつなげて発展させていけばいい」など、いろいろな考え方ができます。

教育学の議論の中では、たとえば、子どもが自身の経験の中から学ぶことをスタートにしていく経験主義の考え方と、あらかじめ知識の体系をつくっておいて、それを教えていく系統主義の考え方とがあり、経験主義対系統主義の果てしない対立がずっと続いています。二〇〇〇年前後の「ゆとり教育」改革をめぐる議論の対立は、その例の一つだったと思います。「アクティブ・ラーニング」という教え方の是非をめぐる最近の議論も、そういう対立の例です。

また、何かをやろうとする本人の側に焦点を当てて、教育で何をどう教えるかを考えていく個人中心主義の考え方がある一方で、社会の側で今の子どもにこういうことを学んではしいからこれを学ばせようという社会中心主義の考え方もあります。どちらの立場に立つのかによって、カリキュラムや教育方法の考え方が、まったく違ってきます。

どういう「意図」を込めるのかについては、近代の教育のスタートから、さまざまな論や説が出てきていて、いろいろなところで、果てしない対立が続いているわけです。

これはなかなか大変なことです。シンプルな定義では、複数の考え方の間の対立は表面には見えません。しかし、いざ実際に何をどう学ばせるべきかという「意図」の中身を議論し始めると、私たちは非常に複雑な対立の中でものを考えなければいけなくなるのです。

「教育」についての私の定義におけるポイントの二つ目は、「他者の学習」です。教育には他者が存在します。というか、教育は他者を変えようとするお節介な営みなのです。だから、他人に押し付けるものであるという意味で、権力性を持っています。私が学生たちに、「これを覚えろ」「これについて考えろ」と言うのは、それ自体が一つの権力的な作用です。それどころか、「おとなしく座って、まずは俺の話を聞け」というふうになっている段階で、教育には権力が作用していることになります。

教育の不確実性

もう一つ、他者という点で重要なのは、教育する側にいる自分が望ましいとか必要だとか思うものを、他者、つまり被教育者がそのように思ってくれるとは限らないということです。私がシャガールの絵に感動して、「これを見せて感動させよう」と考えて子どもに見せたとしても、「ゲッ、下手くそな絵」と言われてしまうかもしれません。

他者が存在するということは、教育関係とは、ある人と他者との関係だということになります。その場合、教育者の意図とは別の状態にあるのが、被教育者です。教師が何かを教えたいと思っていても、生徒がそれを学びたいと思っているとはかぎらないのです。教育には、ここに根本的な不確実性が存在しています。

実際、教育を受ける側は、常にやり過ごしや離脱の自由を持っています。私が高校生のとき、クラスのS君という友だちが、日本史の担当のN先生の授業が大嫌いで、時間中はいつもずっと窓の外を見ていました。ある日とうとう、N先生が怒り出してS君に何か言ったのですが、S君の方は「あんたの授業が下手くそだから、聞く気にならないんだよ！」と言い返して、S君の圧勝になりました。新米のN先生の授業は、私の目から見ても下手でした。

まあ、そこまで露骨でなくても、教師の方をぼうっと見ながら、「今日のお昼ご飯、何食べよう」とか、「夜のテレビは何がいいかな」と考えたりすることは、皆さんにもよくあることだと思います。そんなときは、だんだん眠くなりますね。教科書を見ているふりをして、私もときどき居眠りしました。

私が教えている学生でよく見かけるのは、私の講義の話を軽く聞き流しておいて、「大事そうなことが出てきたら、そこはちゃんと聞こう」というふうな姿勢の学生です。「省エネモード型」といってもいいかもしれません。でも、「大事そうなこと」がわからないまま、最初から最後まで「省エネ」しっぱなし、というふうな感じの学生もいます。まあ、そういう学生の答案は、「八行以内で論じなさい」と出題しておいても一行ぐらいしか書けないから、教員の私のほうも、「省エネ」で採点ができるんですけどね。

つまり、いくら教育をしても、本人がその気にならないと、学習は進みません。教育に関しては、常に被教育者の動機づけ問題を抱え続けます。これが教育の難題になり続けています。どこかの学習塾が掲げている「やる気スイッチ」というフレーズは秀逸です。生徒の側の「やる気スイッチ」が入らないと、教育はなかなかうまくいきません。ただし、そんなスイッチが見つからないことが多いからこそ、教師はいつも苦労しているのですが。

教育の定義の三つ目のポイントは、被教育者の学習を「組織化しようとすること」です。もって回った言い方になっていますが、「しようとする」なのです。だから、失敗するかもしれません。でも、成功するか失敗するかにかかわらず、それは教育だと考えます。教育哲学者のブレツィンカは、医者が患者を治療する、というときの「治療する」というのと同じだと論じています（ブレツィンカ 二〇〇九、二〇一－二〇二頁）。どういうことかというと、「治療する」と「治癒する」とは違う。望ましい結果が得られるとは限らないわけです。教育もそれと同じで、「教育する」「教える」「教授する」というのと、その成果が実現するというのとは違うわけです。

失敗したら教育ではないのではなく、失敗したとしても、それは教育です。教育としてやったのに十分な成果が挙がらなかったということは、いつもあります。何十年も大学の教員をしてきた私でも、失敗は今でもしょっちゅうあります。「面白い話をしたつもりなのに、今日はたくさんの学生が寝ちゃったなあ」という回もあります。「これは面白い！」と思った論文をみつけてきて、演習の授業でとりあげたら、学生たちの理解がさっぱりで、「学生には難しすぎたか……」という回もあります。

失敗はまあ仕方がない。教師の側でさらなる工夫はいろいろできるわけですが（私もやっている）、それでもなお、すべての回に完璧な結果を出せる授業なんかは、普通の教師には無理です。

「教育の失敗」について、もう少し述べると、教える側の意図が学ぶ側では十分に達成されなかった「効果なし」だけでなく、「かえって悪影響」ということもありえます。「望ましくない副作用」ですね。たとえば、教師の何げない言葉から、「人間は信用できない」と生徒が思うようになってしまったり、くり返されるテストを通して、勉強の苦手な生徒に「努力をしてもしょうがない」と考えさせてしまうようなことがあります。学校は、生徒の人格の成長にとって、かえって悪影響を与える教育になってしまう側面もあるのです。

2　教育と学習・社会化

人は生きているとさまざまなことを学ぶ

次は、そういう中で、教育と学習の関係を考えます（広田 二〇〇三）。「学習」というのは、ある個人の中で起きる、何かを新しく理解するという現象です。迷路に置かれたネズミも学習するという実験のことを、皆さんはどこかで聞かれたかもしれません。迷路からの抜け出し方は、ネズミ自身が学んでいくわけです。

教育の難しさのポイントの一つは、教育をしても学習が発生しないことがあるし、逆に、教育なしでも学習は発生するということです。AさんとBさん、CさんとDさんの関係を考えてみました（図1-1）。

Aさんが教育をしてBさんが学ぶ。教育と学習は、「教育する―学ぶ」関係です。でも、Bさんから言うと、別に誰かの教育を受けなくても、みんなと遊んでいるうちに何かを学ぶことはあります。Aさんと一緒にBさんも遊びますが、遊ぶ中でAさんから学ぶこともあり得ます。あるいは、Aさんが働く。Bさんも一緒に働いて、そこでAさん

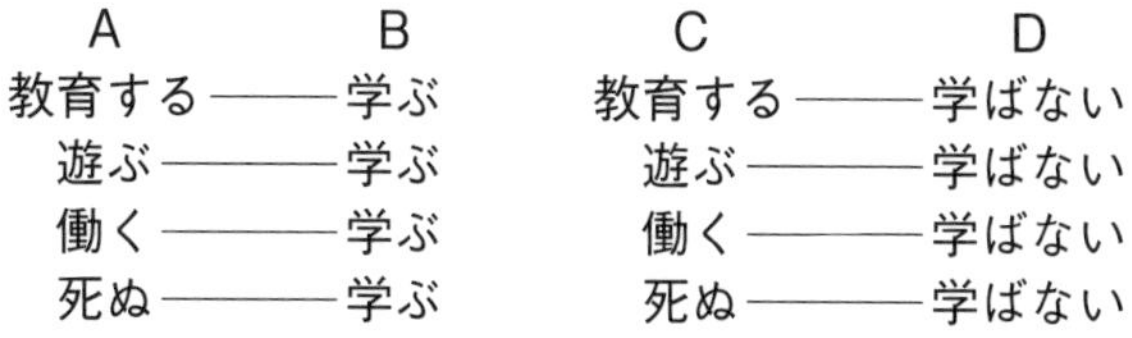

A		B	C		D
教育する	——	学ぶ	教育する	——	学ばない
遊ぶ	——	学ぶ	遊ぶ	——	学ばない
働く	——	学ぶ	働く	——	学ばない
死ぬ	——	学ぶ	死ぬ	——	学ばない

図1－1　教育—学習関係の特殊性

を見て学ぶ。あるいは、Aさんが死ぬ。Bさんは、Aさんが死ぬのを見て何かを学ぶ。

この場合、Aさんは、Bさんを教育してやろうと思っているわけではありません。ただ一緒に遊んでいたり、一緒に働いていたり、死んだりします。でも、Bさんはそこから何かを学んでいきます。教育がなくても学習が発生するのはこういう状況です。

右側（C—D）は、教育をしても学習が発生しない場合です。Cさんが教育をしますが、Dさんは学ばない。先生が一生懸命話しているのに、生徒は窓の外をぼんやり見ているというS君の例や、「省エネモード型」の私の学生の例ですね。

Cさんが遊んでいてDさんも一緒に遊んでいますが、そこから学ばない。Cさんが働いていてDさんも一緒に働いていますが、そこから学ばない。Cさんが死んでしまいますが、Dさんはそこから何も学ばない。こういうことは、世の中にあたりまえのようにあります。ただ一緒に遊んだり、一緒に働いたり、身近で誰かが死ぬのを経験したりするだけ、ということです。

教育と学習が同時に成立する状況は、教える側にとっても教えられる側にとっても、必然的な事態ではありません。教育は、成功したり成功しなかったりするという話なので、「うまくいった場合には、教育は学習を生起させる」というふうにいうことができます。

教育の場であれ、そうでない場であれ、人は生きていること自体の中で、いつのまにか、さまざまなことを学びます。これを「学習（learning）」といいます。

それとよく似た概念が、「社会化（socialization）」です。人が外にある何かを自分の知識や感じ方として学ぶことを、「社会化」と呼びます。個人が学習することの多くは、たいていの場合、社会の中にある知識や考え方や価値観や感じ方だったりしますから、通常は、学習は社会化とほぼ同じ意味になります。教育と学習はイコールではないけれど、社会化は学習に近いものだといえます。

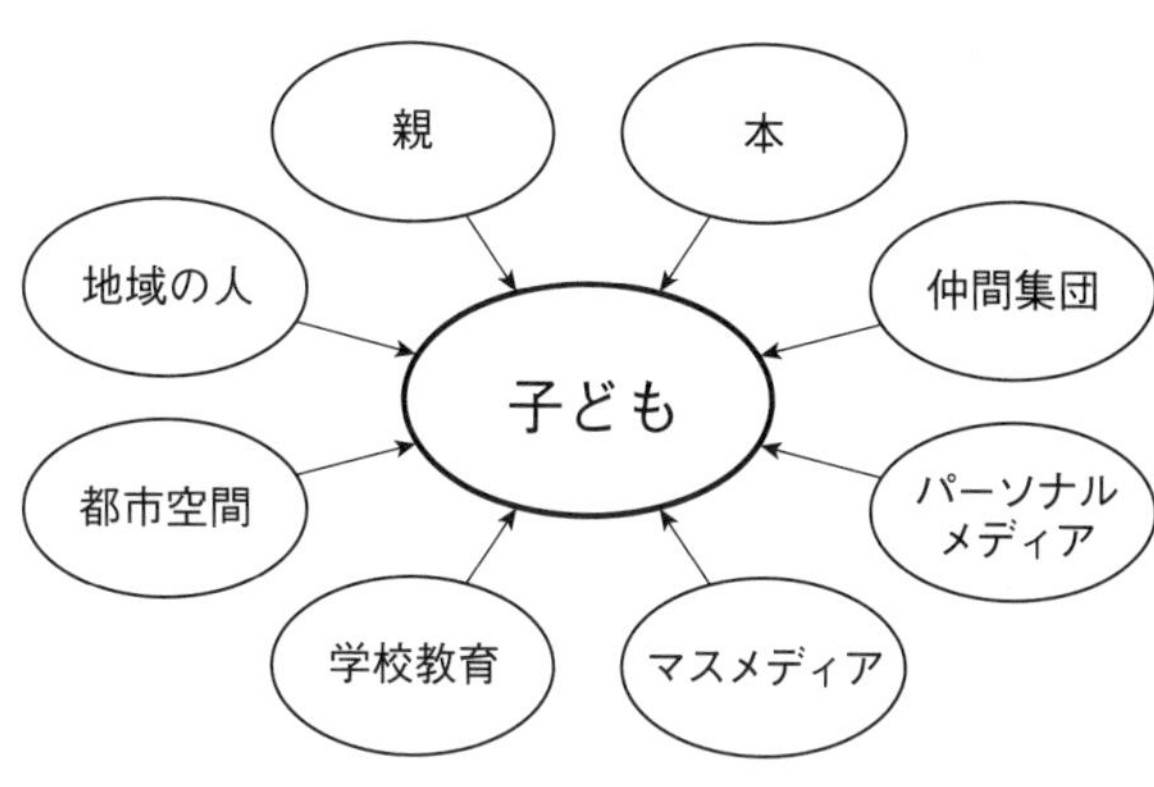

図1－2　多様な社会化エージェント

学校以外でも学ぶ

教育と社会化との関係をどう考えるかという話へ進みます。社会化は、全体として教育よりも広い概念です。社会の中での個人のさまざまな学習全体をカバーするのが社会化です。実際に、子どもがどうやって学習していくのかを考えると、子どもの周囲にいる（ある）さまざまな人や物が学習のきっかけになります。これを「社会化エージェント」と言います。社会化を進めるためのいろいろな主体です。社会化エージェントが子どもの周りに多様にあることがわかります（図1－2）。

まず、子どもが学校に行って教師から学びます。また、当然、家庭の中で親から学びます。親がいろいろ教える部分もありますが、学習は、親が何か教えなくても、親の様子を見ていて学ぶ、親と話をしていて学ぶなど、いくらでもあります。それら全部が家庭での社会化になります。

また、学校や地域での生活において、友だちなど仲間集団と遊んだりする中で学んだり、テレビや新聞などのマスメディアから学んだり、パーソナルメディア、たとえばスマホでSNSを使ってやりとりをする中で学んだりします。漫画やアニメやゲームから何かを学ぶこともあるでしょう。私がゼミ生を集めて呑(の)み会をしたとき、ある学生が「僕たちの世代は深夜のアニメでアイデンティティ探しというか、自己形成をしていますよ」と教えてくれました。それをきっかけに、その呑み会は、アニメの話で盛り上がりました。情けないことに、私には出てくるアニメの話がまったくわからず、途中から隅っこで、独りで酒を呑むばかりでした。でもまあ、呑み会は盛り上がったので、よかった、よかった。

もちろん、昔と同様に、子どもたちは本から学ぶこともあります。「読書離れ」が騒がれ続けていますが、子どもたちにはしっかり本を読んでほしいと思います。私は本好きだったので、家にある本を全部読んでしまい、隣の家に行って、おばさんに本を借りて読みました。それぐらい本好きでした。

地域の人から学ぶというのは、最近よく言われます。学校と社会が連携しよう、地域の人を活用しようという議論が進んでいます。しかし、地域の人だけでなく、地域そのものが、結果的に子どもにいろいろなことを学ばせます。人がヒマラヤ山脈に行ったら何かを感じ、考えるのと同様に、都会の真ん中で生活すること自体のなかで、子どもたちは何かを感じたり、考えたりする機会をたくさん経験することになります。私がいま住んでいるのは都会なので「都市空間」と書きましたが、田舎でも農村の自然から何かを学ぶことがあると思います。「山や川でいろんなことを学んだ」と回顧する大人の人は多いですね。

3　多様な社会化エージェント

学校は不要か?

図1－2でみたように、子どもは、社会化を誘発するような、たくさんの人や物――社会化エージェント――に囲まれて生きています。このことから、いくつかのお話をし

たいと思います。

ここで私がもっとも言いたいことは、まず第一に、学校教育の影響力は限定的だということです。図1-2で明らかなように、学校教育はたくさんの社会化エージェントの中の一つにすぎません。子どもたちが経験する社会化総体の中の、学校教育の影響力は限られているのです。

このことは、勉強が苦手な子や、学校に行くのを苦痛に感じるような子どもにとっては、救いがあるということを意味しています。学校教育で学ぶのが苦手な子どもでも、そのほかのものからいろいろなことを自然に学習していくのが普通だからです。勉強ができないからといって、一人前の大人になれないわけではありません。不登校を続けた子どもでも、社会に出て行くきっかけをつかんだ子は、何とか自立したり、飛躍のチャンスを活かしてやっていっています。

このような議論を押し進めると、「学校不要論」のような議論も登場してきます。子どもが、別に学校に行ってまじめに勉強しなくても、身の回りからいろいろ学べると考えてもおかしくありません。実際、今はさまざまな情報をインターネットで簡単に手に入れることができるようになりました。二〇二一年には子どもユーチューバーのゆたぼん君が、「中学校には行きません」と宣言して話題になりました。米国では、親が子どもの学習の責任を負う、「ホームスクーリング」が一部で広がっています。

しかし、私は「学校は不要だ」とは思わないし、「学校に行かない」という選択は、さまざまな不利益も覚悟しないといけないので、おすすめしません。ごく普通の家庭環境にある子どもには、学校でしか学べないものがたくさんあると思っています。「学校に行くことができない」という不登校の子どもには、学校に代わる学習の機会や資格取得の機会などをしっかりサポートすることが必要なのはもちろんですが、「あえて学校に行かない」という選択には大きなリスクがつきまとっていることを理解しておくべきでしょう。

学校教育の影響力を高めたい！　という試み

「学校教育の影響力は限定的だ」ということは、学校の教師の立場からみると、つらいものがあります。子どもたちにはこういうことを学んでほしいと教師が思っても、子どもたちはそれとは違うものを別の場で学習して、それが重要な意味を持っていたりします。そうすると、学校が望ましいと考えることを子どもがなかなかきちんと受け止めてくれないということが、しばしば生じます。だから、教師たちは、しばしば学校教育の影響力の小ささ、学校教育の無力さを感じてしまうことになります。

もちろん、学校は自分たちが行う教育の影響力を高めようと努力してきました。特殊な場、特殊なルール、特殊な雰囲気を作り出すことで、学校教育に子どもを引きつけておこうとしてきたのです。ドイツの社会学者、N・ルーマンの議論を引きながらこの問題を考察した鈴木篤さんの論文（二〇二一）のまとめの部分を引用しておきます。ちょっと難しいかもしれないので、少しずつ丁寧に読んでみてください。

学校教育と名の付く制度に通わせれば生徒が自動的に変化するというわけではない。それらの機能を果たすためには、家族など他のシステムから生徒を切り離して学級という制度へ囲い込み、非対称的な教師―生徒関係の中へと導き入れ、学級という制度の助けを借りて彼らの定期的・継続的な相互行為を維持・存続させること、学習意欲を喚起すること、そして定期的に記録（選別）を行う一方で記録されない彼らの過去を消去することなどが重要であった。さらに、そうした活動を担う教師を確保し、（その教師の能力にかかわらず）そうした活動を円滑に機能させていくためには、様々な補助的装置も不可欠なものであった。

どうですか。理解できましたか？　鈴木さんがここで述べているのは、学校がさまざまな仕掛けを作って、子どもたちを学習活動に没入させようとしてきたということです。

第一に、学級という他から切り離された空間に、子どもたちを囲い込むことで、他の社会化エージェントの影響を遮断します。「ここは君たちが勉強する場だからね」というわけです。

第二に、教師―生徒という上下関係のある役割構造によって、それぞれのふるまい方を決めてしまいます。「先生が話をするときはちゃんと聞きなさい」というふうに。

第三に、学級という制度は、時間と場所とメンバーを固定して、継続的に教育的な相互行為が可能になるように作動します。「いつも一緒に勉強する仲間がいる」というわけですね。

第四に、教師や他の生徒とのコミュニケーションは、自分に何が欠けていて、何を学ばないといけないのかを生徒に継続的に確認させます。「○○君が先生にほめられた。ボクもしっかり勉強しなくちゃ」と思わせるのです。

第五に、成績評価（記録でもあり選別でもある）を通じて、長期的な参加を個々の生徒に動機づけます。「テストがあるから勉強しなきゃ」と。同時に、その一方で、記録されない過去の出来事が節目節目にリセットされるから、あらためて意欲が湧いてくる。「新年度になったから、新しいクラスでがんばるぞ！」「中学生になったから、一生懸命勉強するぞ！」というふうに。

最後に、建物や教師の確保、カリキュラムなどの「補助的装置」が、持続的な教育作用を支えています。学校があって、先生たちがいて、時間割が決められていて、……、という体制を整備するために、施設費や人件費などの十分な教育財政の支出がなされなければならないわけです。

このように、学校は、生徒を学習に向かわせるための、さまざまな仕掛けを有しているのです。

少しだけ補足しておきます。一つには、これまでの学校の制度的仕掛けが、今後も続くのかどうかという問題です。実は、鈴木さんの論文は、このような特徴を持ったこれまでの学校教育が、インターネットを介した遠隔型授業に取って代わられることになるのかどうかを主題として考察したものです。新型コロナウイルスの感染拡大を契機に、オンライン授業が急速に広がってきたので、タイムリーな主題の考察です。

鈴木さんの結論は、「非対面型授業の多くは従来の学級の機能を何らかの形で確保しない限り、対面型学校教育にそのまま代替しうるものではない」というものです。子どもに勉強を動機づけるような雰囲気の家庭の子は大丈夫ですが、そういう雰囲気の乏しい家庭の子では、右に述べたような制度的な仕掛けのない状態で継続的に勉強を進めていくのは困難がつきまとう、という見立てです。ああ、なるほど、と思います。ずるずると、オンライン授業の「学校」に転換していくのはまずいということがわかります。

もう一つの補足は、そういう制度的仕掛けに対して、違和感や嫌悪感を抱いたり、つらさを感じたりする、一部の子どもがいるということです。教師—生徒関係がもつ上下関係や権力性に反発を感じる子どもや、教師や他の生徒とのコミュニケーションが強いられる状態に耐えられなくなる子ども、などです。あるタイプの校内暴力や不登校などは、そういう文脈で理解できます。多くの教師や生徒には「あたりまえ」と映るものも、敏感な目で見ると、抑圧感や強制感を感じさせるものといえるかもしれません。

やり過ぎもある

さて、話を元に戻します。鈴木さんが整理した、これまでの学校の仕掛けは、持続的に子どもたちを教育―学習の過程に引きつけておくためのものです。しかしながら、それで学校教育がすべてうまくいくわけではありません。このような制度的仕掛けだけでは、子どもたちを教育―学習の過程に引きつけておく効果には限界があります。授業に集中しない子、勉強をやる気が起きない子は、昔も今も、たくさんいます。

そこで、教師たちはしばしば、学校教育の限定的な影響力をもっと高めようとさまざまな手を打っていきます。他の社会化エージェントからの影響を弱め、学校教育が子どもの社会化の全過程に影響を及ぼそうとするんですね。「○○を学校に持ってきてはいけない」とか、「夏休みの過ごし方についての注意」というのが典型的な例です。この結果、「やり過ぎ」のようなことも起きてしまいます。

一つには、学校でのあらゆる活動を「教育化」しようとしたり、その結果、過度な統制が生じたりする、ということです。歴史的にみると予算不足のために始まった、児童生徒による学校掃除が、日本ではいつの間にか教育的な意味合いを与えられたものになったのはその例です。また、多くの外国では、子どもたちにとって楽しい息抜きの時間であるお昼のランチタイムが、日本の学校では「給食指導」の機会になりました。エビを食べられなかった私の友だちは、給食の時間が終わり、みんなが教室の掃除をしている時間になってもそのまま、エビとにらめっこをして、独りだけ自分の席に座り続けさせられたそうです。

部活動なんかも、日本では、多様な趣味やスポーツの中から興味のあるものを楽しませるといった次元を超えて、ここてこてに「教育的」な意味合いの活動になりました。「部活動の指導が命!」のような教師もたくさん存在します。

最近は、再び「おかしな校則」「理不尽な校則」の問題が浮上しています。下着の色を指定するとか、「ツーブロック」という髪型がなぜか校則で禁止されるとか、いろいろな事例が新聞やウェブ記事で紹介されています。「指導に都合がいいから」とか、「これを認めると、校内の雰囲気がだらしないものになってしまう」といった、教師の側の「教育する意図」が、見境のない校則の見直し（＝強化）につながって、おかしな校則や理不尽な校則をはびこらせていっているわけです。教育のことだけ考えていると、つい世間の常識は忘れられてしまいがちです。そこでは、生徒の基本的な自由も人権も尊重されないといった事態が生じているわけです。「やり過ぎ」です。

「やり過ぎ」は、学校内にとどまりません。学校の外の、他の社会化エージェントを抑圧したり取り締まったりして、子どもの身の回りの環境を「教育的」なもので満たしてしまいたいという衝動を、しばしば大人は持っています。戦後何度も「俗悪環境の浄化」や「俗悪メディアの取り締まり」などが叫ばれ、いろんな運動が展開されました。テレビ番組、映画、漫画、テレビゲームからスマホに至るまで、「見せない」とか「持たせない」とかといった動きがくり返されてきました。

私は、「何もするな」とは言わないけれども、手放しでどんどん規制強化などを進めていけばいいとも思っていません。子どもにとって「教育的」な、クリーンな環境を作ろうとするやり方は、一つには、社会が大事にすべき、さまざまな種類の基本的自由や家族の自律性、人権の尊重などを、しばしば踏みにじる部分があるからです。もう一つには、子どもが次第に大人になっていく過程で、俗悪なものやリスクのあるもの（性や政治など）に、少しずつなじんでいくことが、健全な成長の過程にとって必要だと思うからです。きっとその方がふくらみのある面白い人物が出てくるような気もします。

子どもを無菌室でずっと育てていくと、感染性の病気に弱い子ができてしまいます。身の回りのばい菌となじみながら成長していくことが子どもにとって不可欠なように、「環境の浄化」もやり過ぎてはいけないと思うのです。

仲間集団がもたらすもの

図1－2に立ち戻って、もう一つ考えてみたいのは、子どもたちの友だちづきあいや仲間集団（peer group）についてのことです。いろんな調査からわかるのは、「学校に行くと友だちに会えるから楽しい」と回答する子どもが多いことです。勉強よりも友だち、

ですね。学校は単に学校教育がなされる場だけではなく、子どもたちにとっては生活の場でもあります。休み時間や放課後の時間、登下校の時間などは、子どもたちが教師の目の届かないところで、友だちと自由にコミュニケーションをする時間です。

友だちづきあい、仲間集団は、子どもたちの成長にとって不可欠な役割を果たしていいます。そのことを、少し理論的に考えておきましょう。ここではアメリカの社会学者、T・パーソンズの議論を紹介しておきます（パーソンズ 一九七三）。

パーソンズは、子どもたちの仲間集団には重要な二つの機能がある、と述べています。一つは、「仲間集団は成人による制御からの独立を修練する場とみなすことができる」というものです。両親―自分の関係、教師―自分の関係では、子どもはいつも上下関係の下位に置かれています。しかし、仲間集団の中では、自分たちでものを考え、ものを決め、行動することを、子どもたちは実践します。それが「成人による制御からの独立を修練する場」となっているというのです。自立した大人になるために必要な、試行錯誤の機会を提供してくれているわけです。友だち同士でどこかに遊びに行こうという話し合いは、会社での企画会議の雛形（ひながた）のようなものかもしれませんね。

もう一つは、「非成人による是認と受容の源泉を子どもに供するということ」です。親や教師によるような上下関係を前提にした評価ではなく、水平的な関係の中で、お互いに他の仲間から認められることで、子どもたちは安定したパーソナリティを築くことができます。「周りの友だちに受け入れられている私」というのが、子どもにとって、とても重要なわけです。

そのうえで、パーソンズは次のように論じています。ちょっと難しい文章ですが、読んでみて下さい。

アメリカ型の社会における社会化に対して仲間集団がもつ意義は明白であろう。性格を支える動機づけ上の土台は初めは必ず両親との同一化を通じて築かれる。両親は世代上位者であり、この世代の相違はヒエラルキーをなす地位の相違を例示する一典型となる。しかし成人に達した場合、個人の役割遂行の大部分は地位を同じくするもの、ないし近い地位にある者と一緒になって行なわれなければならない。かかる状況からすると、ヒエラルキー軸の当初の優位を修正して、平等主義の成分を強めるように、動機づけの構造を組織しなおすことが大切である。仲間集団はこの再組織の過程において際立った役割を果たすのである。

子どもたちは、自分と両親とを同一化する段階を脱して、自律的な存在になっていく。また、大人の世界では、似たようなポジションにいる人たちとコミュニケーションをすることが多くなるから、仲間集団を通して獲得されるものは重要だ、ということです。ただし、仲間集団が「成人による制御からの独立を修練する場」といっても、大人が是認できるものばかりではありません。中には享楽的な文化や非行的な文化に接触して「大人ぶる」ような子どもも出てきます。「スクールカースト」のような、クラス内につくられた暗黙の序列なんかも、しばしば生徒には重圧になります。「非成人による是認と受容」といっても、そこでは、仲間集団内で上下関係のあるような相互の評価がなされるのが普通ですから、「使いっ走り」でこきつかわれるとか、みんなからの受容を得ることに失敗し、友だちをうまく作れない子が孤立したりすることも生じてしまいます。

情報センターとしての仲間集団

しかし、子どもにとって成長に不可欠な仲間集団は、教師にとっては、おかしなことをやってしまいかねない、厄介な存在に映ります。人間関係の部分はパーソンズが説明してくれていましたが、ここでもう一つつけ加えておくと、仲間集団は、学校教育以外のさまざまな社会化エージェントに関わる情報の媒介者でもあるということです。

音楽、スポーツ、アニメなどマスメディアに関連した情報や最新の流行について、友だちからの情報や友だちによる評価を通して、子どもたちは学ぶことになります。「『鬼滅の刃』、よかったよね！」というふうに。近所で起きた出来事や子ども同士の間で起きていることのような身近な情報も、友だちを通じて学ばれることになります。「昨日、駅の裏におまわりさんがいっぱい来てたの、知ってる？」というふうに。これらの中には、当然ながら、右で述べたような、享楽的な文化や非行的な文化のさまざまなトピックも含まれています。子どもたちが興味を示すものには、教育的な観点からの制限は存在しないからです。

だから、図1－2ではたくさんの社会化エージェントの中の一つにすぎない仲間集団が、実は、学校教育と親以外の、さまざまな社会化エージェントに関わる情報センターの役割を果たしていると言ってよいでしょう。そこには、学校教育にとって好ましい情報もあるでしょうが、同時に、好ましくない情報もたくさんあるのです。

鈴木さんが述べているように、学校は他から切り離された空間を作ることで、子どもたちを学業に専念させようとするわけですが、まさにその空間にたくさんの子どもが集まることで、外部のさまざまな社会化エージェントに関わる情報による社会化の場としても機能してしまうわけです。学校は子どもたちを社会から隔離しきれないのです。

いじめ

「いじめ」の問題もまた、まさに仲間集団の力学から生じてきます。いじめは教師の目をすり抜けて、友だち関係の中で生じるのが普通です。近年、いじめが社会問題化してきていますが、教師がどこまで子どもたちの関係を把握できるのか、子どもたちの関係の中に介入できるのか、難しい問題が生じています。

一九七〇年代ぐらいまでは、いじめは子ども同士のつまらないもめごと程度に扱われ、大人が真剣に考えるようなものとは思われていませんでした。だから、実際には陰湿ないじめはきっといっぱいあったはずですが、多くの教師はそんなことに注意を払ってくれていませんでした。

ようやく、一九八〇年代ぐらいから、いじめが社会問題化し、学校や教師の責任が問われる事例が増えていきました。しかし、大多数のいじめは教師の目の届かないところで行われるため、把握も対処も実に困難です。たまにそれらしい場面に遭遇しても、ふざけてじゃれ合っているのか、いじめているのか、簡単には判断できません。「友だちづきあいは禁止！」と言いたくなる先生もいるのではないですかね。親も「いじめられていないか」と心配する人たちが多くなっているように思います。子どもたちの間の友だちづきあいに、大人が警戒の目を向ける時代になってきているのかもしれません。

いじめ問題を改善する、よいアイデアは私にはありません。いじめる側の子どもたちに対して言いたいことはたくさんあるけれど、そういう子どもたちに対して、私の声を届けるすべがありません。おそらくこんな本を手に取ってくれることもないでしょう。

いじめられている子や仲間から孤立したりしている子に向かっては、「学校時代の仲間集団は、長い人生を考えたら、ほんの一時的なものだよ。悲観的にならないで」と言いたいです。もう一言言うと、「あなたをいじめるヤツ（あるいは仲間はずれにするヤツ）は、くだらないヤツだ。そんなくだらない人間のためにあなたが落ち込んだり、死んだりするのはもったいない」と言いたい。

子どもたちが健全に成長していくためには、大人の統制下にない仲間集団での自律的なコミュニケーションが必要です。しかし、その自律性のゆえに、いじめのような現象も生じてしまいます。悩ましいことです。

鈴木篤 二〇二一「ニクラス・ルーマンの学級論に関する検討――非対面型授業の対面型学校教育への代替可能性と限界――」『教育学研究』第八八巻第一号。

パーソンズ、タルコット 一九七三『社会構造とパーソナリティ』武田良三監訳、新泉社。

広田照幸 二〇〇三『教育には何ができないか』春秋社。

広田照幸 二〇〇九『ヒューマニティーズ 教育学』岩波書店。

ブレツィンカ、ヴォルフガング　二〇〇九『教育目標・教育手段・教育成果――教育科学のシステム化――』小笠原道雄・坂越正樹監訳、玉川大学出版部。

第2章　学校の目的と機能

1　学校の目的

目的と機能とを区別する

第1章では、教育には原理的に限界や不確実性があること、子どもの社会化という点から考えると学校教育はたくさんのものの一つにすぎないことを述べ、学校は子どもの統制をやりすぎてしまうこともあるし、やれないこともあるといった話をしてきました。

では、そもそも学校は何を目指し、実際に何をしているのでしょうか。それについて、この章では、「学校の目的と機能」というテーマでお話をします。「目的」も「機能」も普段よく使われている言葉で、日常用語だと区別されないこともあります。たとえば、「炊飯器の機能が向上！」といえば、「ご飯がよりおいしく炊けるようになった！」ということで、「ご飯を炊く」という、炊飯器に期待された目的と機能は重なっているわけです。

しかし、「学校は何をなすべきか」を考えるときには、「目的」と「機能」とは、きちんと区別しないといけません。目的には意図が存在します。目的は、意図して「こういうことをやろう」「やるべきだ」ということです。機能とは、何かの作用が生じる、生じているという話です。そこには意図の有無は無関係になります。

例を考えてみます。「竹筒は水筒の機能を果たす」。無人島サバイバルなどの話ですね。でも、竹は人間の水筒になることを目的として、あの形状になったわけではありません。「鉛筆は耳かきの機能を持っている」。私はいま、パソコンでこの原稿を書いているとき、耳がかゆくなったので、そばにあった鉛筆を耳かき代わりにしました。でも、鉛筆に込められた目的は、「字を書く」です。

身近な社会の出来事の例を出しましょう。「大学生のサークル活動は、男女の出会いの場として機能している」。たとえば、軽音楽のサークルがあるとします。その目的はみんなで軽音楽を演奏することです。プロを目指したいという人もいれば、みんなで楽しみたいという人もいるでしょう。いずれにせよ、普通は、みんなが参加する意図は、

「軽音楽を演奏する」、それが目的です。

ところが、そのサークルで男女の出会いがあったりします。別に、それを目的としていたわけではありませんが、誰かと誰かとのつき合いが始まったりする。その場合、このサークルは、「男女の出会いの場として機能している」といえるわけです（中には、「異性に近づきたいから軽音楽サークルに入る」という、不謹慎な考えをする人もいるかもしれませんが）。

なぜ、目的と機能との違いを説明したかというと、いまの学校は、しばしば大きな目的を見失ったままの教育や、おかしな目標を決めてしまい、それに向けた教育をやってしまったりしているように思うからです。学校教育が本来目指すべき「目的」と、学校（学校教育）が現に果たしている「機能」とを区別してみると、考え方を整理できるように思うのです。

教育基本法の中の「教育の目的」

さて、まずは、今の日本の法律の中での「教育の目的」をみていきましょう。学校で行われるべき教育のあり方を定めた法律としては、教育基本法と学校教育法が重要です。教育基本法の第一条は、「教育の目的」を掲げたものです。

第一条　教育は、人格の完成を目指し、平和で民主的な国家及び社会の形成者として必要な資質を備えた心身ともに健康な国民の育成を期して行われなければならない。

「人格の完成」は、立法時の素案では「人間性の開発」となっていました。しかし、素案を検討した内閣法制局が、「人間性」という言葉は一般に熟していないので、法律用語とすることに対して疑問があり、また、人間性という言葉は人間の悪性を是認する感じを与える、とダメ出しをしたそうです。そこで、一九四七年に作られた教育基本法では「人格の完成」という語になりました。私個人の好みでは、「人間性の開発」というほうが好きですね。

それはともかく、この条文で私が注目したいのは、「平和で民主的な国家及び社会の形成者」という部分です。特に「形成者」が重要です。「社会の一員になっていく」とか、「社会に適応していく」ということではないのですね。当然ながら、年寄りの時代遅れの価値観を押しつけるとか、企業が使い捨てにできる従順な労働力を期待する、といったことでもないのです。いわば、「一人ひとりが未来の新しい社会を作り出していく主人公のような存在になること」が目指されているのです。皆さんは知っていましたか。

また、この法律の第五条第二項には義務教育の目的について、次のように書かれています。「義務教育として行われる普通教育は、各個人の有する能力を伸ばしつつ社会において自立的に生きる基礎を培い、また、国家及び社会の形成者として必要とされる基本的な資質を養うことを目的として行われるものとする」。

ここには第一条に出てきた、「国家及び社会の形成者」というのがもう一度出てきます。「国家及び社会の形成者」になっていくための基礎になる基本的な資質を養うのが、小学校と中学校の義務教育だということです。

だから、ここでもまた、「社会の一員になる」とか、「社会に適応する」とか、「社会で無難に過ごす」などということではありません。小・中学生の子どもたちには「未来の社会を自分たちの手で作っていってほしい」、という期待が込められているのです。

小学校の国語も算数も理科も音楽も、高校の世界史や物理も、子どもたち一人ひとりがみんな「平和で民主的な国家及び社会の形成者」になってもらうために教えられているのだといえるのです。

学校教育法における「高校教育の目標」

学校教育法を見てみましょう。まずは義務教育について。学校教育法の第二十一条には、「義務教育として行われる普通教育は、教育基本法（平成十八年法律第百二十号）第五条第二項に規定する目的を実現するため、次に掲げる目標を達成するよう行われるものとする」とあり、以下、「一　学校内外における社会的活動を促進し、自主、自律及び協同の精神、規範意識、公正な判断力並びに公共の精神に基づき主体的に社会の形成に参画し、その発展に寄与する態度を養うこと」など、十個の目標が並べられています。

教育基本法や学校教育法では、「目的」（Aims of Education）が上位にあって、その下に「目標」(Objectives of Education)が定められてあります。目的を達成するためにさまざまな目標が設定される、という関係です。

だから、ここで重要なのは、たくさんの目標が、先ほど触れた教育基本法の「第五条第二項に規定する目的を実現するため」と位置づけられていることです。その第五条第二項は第一条を受けた内容になっていますから、結局のところ、すべての教育が目指すものは、「平和で民主的な国家及び社会の形成者」を育てるという、教育基本法第一条に収斂(しゅうれん)するわけです。

ところで、この学校教育法では、高等学校の目標のところが面白いので、ここで紹介します。学校教育法第五十条では、「高等学校の目的」がまず書かれています。「高等学校は、中学校における教育の基礎の上に、心身の発達及び進路に応じて、高度な普通教育及び専門教育を施すことを目的とする」。ここには高校でやるべきことがコンパクトに書かれています。

次の第五十一条に、その目的を達成するための「目標」が出てきます。「高等学校における教育は、前条に規定する目的を実現するため、次に掲げる目標を達成するよう行われるものとする」とされています。
この目標が、次の一～三号で三つ掲げられていますが、なかなか味わい深いものです。

一 義務教育として行われる普通教育の成果を更に発展拡充させて、豊かな人間性、創造性及び健やかな身体を養い、国家及び社会の形成者として必要な資質を養うこと。

二 社会において果たさなければならない使命の自覚に基づき、個性に応じて将来の進路を決定させ、一般的な教養を高め、専門的な知識、技術及び技能を習得させること。

三 個性の確立に努めるとともに、社会について、広く深い理解と健全な批判力を養い、社会の発展に寄与する態度を養うこと。

目標の第一号を見ると、ここにも「国家及び社会の形成者として必要な資質を養うこと」というふうに、教育基本法第一条の文言「国家及び社会の形成者」が再登場します。

しかも、「基礎を養う」とした義務教育の文言とは違って、ここではダイレクトに、「必要な資質を養う」となっています。だから、高校を卒業するまでに、国家及び社会の形成者としてきちんとやっていけるものを身につけてもらうのだ、ということになっているのです。皆さんが受けてきた高校教育はどうでしたか。「国家及び社会の形成者になるための資質」を養ってくれましたか。高校生の読者の方は、明日、学校に行ったら、「国家及び社会の形成者になるための教育をしっかりやって下さいよ」と、先生に注文をつけてください。

次に、第二号ですが、一般的な教養、専門的な知識、技術及び技能という話が出てきます。これは説明の必要もないだろうから省略します。

とても面白いのは第三号です。「社会について、広く深い理解と健全な批判力を養い、社会の発展に寄与する態度を養うこと」と書いてあります。

「健全な批判力」という部分に注目してください。この条文を初めて見たとき、私はとても感動しました。この「批判力」というのは、「けしからん」などという意味ではありません。「いいもの、悪いものをきちんと吟味する」ということ、それが批判力ということです。映画の批評家（critic）の「批評」というのとよく似た意味だと考えればよいでしょう。

批評家が、「この映画は良かった」とか、「悪かった」とか論評しますよね。悪口ばかり言うわけではありません。ここでの「批判力」はそういう意味です。つまり、社会で今起きていることがいいか悪いかをきちんと吟味して、判断できるようになる、ということなのです。

皆さんが受けてきた授業ではどうでしたか。健全な批判力を養うような機会がありましたか。もしまったくなかったとすると、どこかで間違っています。高校生の読者の方は、さっそく明日、先生に注文をつけてみてください。

教育基本法や学校教育法からみた教育の目的と目標はこのようになっています。大事なポイントは、「社会の一員を育てる」、「社会に適応する人間を育てる」のではなくて、「自分で社会を作りだしていけるような子どもたちを育てなさい」ということです。

高い理想を掲げる意義

法律の条文にある学校教育の目的は理想が高邁すぎて、「こんなの無理だよ」と思うかもしれません。それはそうですよね。しかし、さまざまな教育活動を全体としてどういう方向に向かって組織化するのかを示したものが「教育の目的」だと考えれば、高い理想を掲げることには意味があります。

たとえていえば、「ヒマラヤ山脈の峰々を踏破するぞ！」といって、はるか遠くに見える山脈の方向に歩き出すのが、日々の教育だと思うんです。ゴールは遠い。でも、これから進むべき方向をあらかじめ決めておかないと、気がつくと、てんでんばらばらな方向に向かっていたり、あらぬ方向のインド洋の方にみんなで進んでいたりしてしまいます。遠くにあるゴールをしっかり見すえておくことで、教育活動全体の方向づけが可能になるのです。

教育基本法は、他の法令を方向づける法律です。学習指導要領も、教科書も、この教育基本法に定められた目的に沿って作られています。

学校の日々の教育活動も、教育基本法に沿って行われることが前提になっています。

学校教育の日常の中では、「本校の教育目標」とか、「本年度の第○学年の教育目標」とかがあって、さらに細かい教育活動になっていくと、「ねらい」とか「めあて」といった語がたくさん登場してきます。小学校では「今月のめあて」「今週のめあて」とか、「この授業のめあて」「このプリントのめあて」などのように、うんざりするぐらい「めあて」だらけだったりもしますね。「ねらい」も「めあて」も、大きな教育目的や目標の中の、さらに具体的なレベルでの目標を指しているのだと考えることができます。

要するに、学校教育には大きな目的がまずあって、それに向けた目標が設定され、それが具体的な日常の次元まで下ろされていくという関係です。高次から低次まで何重にも作られているわけです。

読者の方で、学校の教師をされている方は、どうか、教育基本法や学校教育法をあらためてよく読んで、日々の教育実践のあり方を振り返ってみてください。この本を読んだ生徒に、ある日突然、「先生は、私たちを『国家及び社会の形成者』に向けて教育してくれているんですか?」と、問い詰められてしまう前に――。

2　学校の機能

社会化機能

ここからは学校の機能についての話をします。特に、学校が社会の中で果たしている作用、「学校の社会的機能」と呼んでもいいものに注目して、論じることにします。

では、学校の社会的機能という観点で見たときにどうなのかというと、教育社会学では、一般的には、「学校は二つの主要な機能を果たしている」と言われています。①社会化と、②選抜・配分です。

一つ目は、子どもたちを社会化する機能です。前節で述べた「教育の目的」に基づくフォーマルなカリキュラム、さまざまな具体的な教育活動は、知識や価値に関して子どもたちを社会化しようとするものだといえます。この部分では、学校教育の目的と学校の機能とが重なっているといえます。

ただし、第1章の話と重なる二つの補足をしておかないといけません。一つは、学校側が学ばせたいと考えている部分での社会化は、常に不十分な結果になってしまうということです。教科書に書かれていることを全部理解して、いつもテストで百点をとる子どもは、ごくまれですよね。「授業で教わったけれど、よくわからなかった。身につかなかった」という経験を、大半の子どもがしているわけです。

「学力が十分身についていない子は、学力が身につくまでその学年にとどめてゆっくり学び直しをさせればいいじゃないか」という議論があります。「習得主義」という考え方です。実際、フランスでは義務教育段階で留年制度があります。日本でも、「義務教育に飛び級や留年を制度化しろ」という意見があります。私はその意見に反対です。留年を宣告される子どもへのダメージが大きすぎる。「習得主義」を主張されている方々は、きっと子ども時代に勉強が得意で、自分が「君は落第だ」と言われる辛さをご存じないのでしょうね。いや、私も子ども時代は勉強が得意だったので、えらそうなことはいえないのですが、勉強が苦手な子どもの目線に立って、学校を見ていこうとは思ってきています。

もう一つは、子どもたちは、学校側が期待するものとは別のものも、学校で学んでしまうということです。クラスや部活動などの仲間集団の間での人づきあいを通していろいろなことを学ぶ。友だちや先輩などから、世間のいろいろな目新しい情報を手に入れる。だから、学校という場は、勉強の中身以外の面でも、大人の目から見てよいことと悪いこととの両面を含んだ社会化を、子どもたちにさせる場として機能しているのです。

選抜・配分機能

学校の主要な社会的機能の二つ目は、「選抜・配分機能」です。学校という社会的装置は、子どもたちを選抜し、評価し、社会の中の異なるポジションに振り分けていく機能を果たしているのです。

言われてみるとそうですよね。みんな同じように小学校に入るけれど、その後は、選抜・配分の過程を経験します。ある人は専門高校に行って仕事に就いたり、ある人は大学や大学院に行って、サラリーマンや学者になったりします。学校が発行する、卒業証書の有無や、職業資格の有無が、その後の人生の歩みに大きな影響をもちます。学校は、人を選抜・配分しているのです。

選抜・配分機能はネガティブに言われることが多いです。「君が合格できそうなのは、こんな高校しかないよ」という、進路指導の場での教師の冷たい言葉は、子どもを傷つけることにもなります。入試で失敗して、深い挫折感をもつ生徒もたくさんいます。

しかしながら、学校がもっている選抜・配分機能は、個人にとって、プラスの意味も持っています。学校が選抜・配分機能を果たしているから、子どもたちは生まれ育った家庭から抜け出して、広い世界に出ていくことができるのです。「小作人の子どもは小作人」というのがあたりまえだった戦前の社会で、勉強がよくできる貧しい農家の子が、奨学金をもらったりして大学まで進み、立派な政治家や技術者などになっていった話を思い浮かべていただければいいでしょう。

高いレベルの教育を受けた人がなぜよい就職を手に入れやすいのかについては、さまざまな説明がなされています。一つの考え方は、「教育を受けると、それによって労働の場における知識や技能が高まるからだ」というものです。社会学における機能主義的な説明や経済学における人的資本論の説明は、そうした見方をします（人的資本論については第5章でさらに説明します）。専門的な職業教育（医者やＩＴ技術者）などは、この説明で理解できそうです。

しかしながら、ある人が受けた教育がその後の仕事とは関係がなさそうに見えるケースもたくさんあります。私の若い頃の教え子で、江戸時代の寺子屋に関して卒業論文を書いた学生がいます。彼女は卒業後に不動産会社に入り、他の大学の法学部を卒業した人と一緒に営業の仕事をやりました。そういう場合には、「寺子屋について深く学んだことが、不動産会社の営業の仕事にどう役立つんだ？」というツッコミが入りそうです。

そういえば、その頃に指導していた別の学生のことを思い出しました。ある会社の就職面接に行って、「○○大学文学部です」と言わないといけない場面で、「○○大学水泳部です！」と、元気よく自己紹介してしまったそうです。笑いながら後で私に話してくれました。本人曰く、「いやー、間違えました（笑）」。文学部教育学科での勉強は、その学生には大きな意味を持っていなかったのかもしれません。ちょっと情けない。それでも、ちゃんと採用されたそうです。

高いレベルの教育を受けた人がなぜよい就職を手に入れやすいのかについてのもう一つの説明は、「みんなが競争して、その中で優秀な結果を残したのだから、頭のよさが学歴に示される（シグナルになる）」という説明です。経済学の中のシグナリング理論が、こういう立場の理論になります。この場合、教育によって個人の能力が高まるのではなく、もともと能力や素質の高い者が、進学をめぐる競争の中で選び出され、勝ち残ってきたのだ、というふうに見ることになります。

日本では受験をめぐる競争があまねく広がっているし、日本の企業の採用人事の慣行では、最近まで、「大学で何を学んできたのか」に大きな関心を払ってこなかったので、シグナリング理論の説明を読むと、「ああ、わかるなあ」という気もします。

この見方をさらに進めると、「教育によって個人の能力が高まるのではなく」というところに注目して、選抜それ自体が、個々人のチャンスを左右しているのではないか、という見方も可能になります。ある段階で、選抜から洩れてしまうと、それ以降の経験が選抜された者が経験することと違ってくる。選抜された者は選抜されることによって、他の人には味わえない経験や学習のチャンスを手に入れていくことになる、というような説明です。

たとえば、大企業の中枢部に採用されて、長期的な国際戦略を考えるチームの仕事の担当になった者は、十年も経つと広い、大きな視点で会社の仕事を考えることができるようになります。もう一方で、目の前の定型的な機械の操作をずっとやらされ続けた者は、十年も経つと、機械の操作には習熟しても、社会や世界の変化についての知識や経験は蓄積されていきません。

学歴は低いけれど、理解力や発想力や判断力などはすぐれた人は、世の中にたくさんいます。でも、そういう人にチャンスが与えられず、いつまでも下積み仕事ばかりさせられる。ところが、ボンクラ東大卒に「東大卒」という肩書きだけで重要な仕事が与えられて、なんとかそれをこなしているうちに、いつの間にか「さすが東大卒」といわれるようになる、といった感じの現象です。

教育によってさまざまなスキルや態度が作られていくのか、それとも選抜の成功／失敗が、その後のスキルや態度に影響を与えるのか——この二つの説明の仕方のどちらが適切なのかを、米国社会のデータで統計的に分析した論文を読んだことがあります。さまざまな角度から分析した結論は、「両方の効果がみられる」というものでした。ああ、なるほど。まあ、妥当な結論でしょうね。

過度の画一化——社会化機能の暴走

学校が果たしている社会化機能は、うまく作用すれば子どもの成長に大きな役割を果たしますが、社会化機能が暴走すると、おかしな社会化がなされてしまうことになります。

たとえば、フォーマルなカリキュラムや学習指導の面でいうと、洗脳教育です。軍国主義の時代に、「神州不滅」とか、「鬼畜米英」と言ってイデオロギーを教え込んだりするような教育は、結果的には、子どもたちに非常におかしなことを学習させてしまいました。第二次世界大戦のときに小学校低学年だった私の母は、空襲で近所の町が大火災になり、真っ赤になっている夜空を見ながら、それでもまだ「わが神国は不滅だ」と思い込んでいたそうです。

小学生なら、先生に教えられたことをそのままうのみにするかもしれませんが、少し年長の生徒や学生になってくると、もう少し健全な批判力（お、先ほど出ましたね）が働きますから、先生が何か言ったからといって、そのままその通りに信じ込んでしまうようなことはあまりないでしょう。

戦後の日本社会では、ときどき「偏向教育」が問題化されてきました。でも、それらの事例をきちんと見ていくと、多くの場合、そんなに極端に偏った教育でもないように思います。特に最近の事例はそうです。むしろ、自分の教育観に合わない教師の教育実践を政治的に攻撃したいという「偏った」人たちが、どこかの学校の教育実践を「偏っている」と騒いでいるのが実情です。

私は、今の日本では、どこかの教師が教室で少々「偏った」言葉を発しても、大騒ぎすることはないと思っています。多元的な社会化エージェント（図1－2）の間で多元的な情報が流れている社会になっているからです。周りには、その教師の言葉とは違うことをしゃべっている大人がたくさんいるのだし、マスコミやインターネットで流れているいろんな情報にも、子どもたちは自然に触れていきます。ごく少数の、少々ものの見方が偏った教師がいたとしても、子どもたちは「洗脳」されてしまうことはなく、むしろ、「世の中にはいろんな考え方の人がいるんだな」ということを学習できることになると思います。

私がむしろ怖いと思っているのは、国や大人たちが口をそろえて一つのことを「正しい」と言うようになった社会です。本来多元的な議論があるはずの教育内容に関して、国が「正しいものはこれだ」と決めてしまい、世の中の大半の人がそれに同調してしまうような状況です。

周りの大人がみんなそろって同じようなことを言い、メディアも同じようなことを伝えるような状況になってしまうと、年長の生徒や学生でも、簡単に信じ込んでしまうものです。子どもたちは、別の可能性をふまえた思考ができなくなってしまうからです。つまり、「偏向」よりも「教育内容の過度の画一化」の方こそ警戒すべきだと思っているのです。

国が教育を使って徹底した思想教育をやらせようというのは、どこかの国で起きていることです。しかし、そういう国を嫌い、そういう国の教育を非難している政治家たちが、「これが正しい」と自分が決めつけている道徳的な徳目とか歴史像を、日本じゅうの教育の中に押しつけようとしているように思います。そういう政治家たちは、多様性や多元性がもつ重要さに対する感性が鈍すぎるんだと思います。

「まずいこと」を学んでしまう

学校や教師が「これを学ばせたい」と思っているわけではないのに、子どもたちが勝手にまずいことを学んでしまうこともあります。これも、現代の学校を考えるときに見のがせないことです。

たとえば、「学習性無力感」という言葉があります。学習性無力感とは、学校へ行っている間に、「どうせ自分は何やっても駄目だ」などと感じるようになってしまう状態です。授業を聞いてもよく理解できない、テストの点数も振るわない、親も教師も、自分に期待するそぶりを見せてくれない――学校へ行くがゆえに、自分が無力な人間であるかのようにどんどん思ってしまう。こういうのも学校によって生じる、問題をはらんだ社会化です。

「正しい答えを探そうとする」という態度も、私が大学の新入生をみていて実感する、問題をはらんだ社会化の例です。これまでの日本の学校では、授業の大半は、「正しい答えにどうやってたどり着かせるか」に重点がおかれてきました。テストでも「正しい答え」以外は減点か、もしくは零点になります。だから小学校以来、彼らはずっと、「正しい答えは存在する。しかも一つだけ存在する」という思考様式に染まってきているのです。だから、私がいろいろ説明をしていても、大学に入ってきたばかりの学生の中には、「早く答えを示してくれ」と、ずっと待っている者がいたりします。というか、実は四年生になって卒業論文を書く段階になっても、「この問題の解決策はこれだ！」と簡単に独り決めしてしまう学生も少なくありません。

しかし、世の中の出来事は、教育という事象も含めて、「何が正しいか」は簡単には決まりません。また、彼らが大学で学ぶ学問というもの自体も、たくさんの説や論が競っていて、「何が正しいか」を簡単に結論づけるものではありません。それどころか、「なぜこの問題は解くのが難しいのか」とか、「この問題は、本当に存在するのか」とか、そんなことを突き詰めて考えようとするのが学問なのです（この本も、そんな角度から書かれています）。それは、科学的思考の基本でもあるし、世の中の出来事の多くに正答がないからでもあるのです。

子どもたちが長い学校生活の間に、いろいろとまずいことを学んでしまうことは、ほかにもたくさんあるでしょう。心ない教師の言動を通して、大人への不信感を学ぶかもしれません。友だち関係のこじれを通して、人間不信を学んでしまうかもしれません。学校という場は、思いがけないことを子どもたちに学習させてしまっていることもあるということを、理解しておく必要があるでしょう。

テストが目的になる本末転倒

学校が果たしているもう一つの機能の選抜・配分機能が暴走するということもあります。特に重要だと思うのは、選抜・配分機能への対応を目的化してしまい、本来の「教育の目的」を忘れ去ったような、本末転倒した教育や学習が生じがちだということです。これはもう皆さんも身近に知っているでしょうが、受験対応教育などは、はっきりいって本末転倒の典型例です。

子どもたちが、入試のために勉強をするとか、資格試験のために勉強をするといった現象は、私はやむを得ない部分があると思っています。勉強していることの中身を面白いと思ったり、中身が有用だと実感できる子どもたちばかりではないからです。本末転倒した学習になってしまいますが、それでも勉強をすれば、新しいことを身につけることはできます。

むしろ深刻な問題は、教える側が、本来の「教育の目的」とはかけ離れた形で、「入試対策のための授業」「資格試験のための授業」に専心してしまうようなことが、そこらじゅうで起きている、ということです。

そのような意味での選抜・配分機能の暴走の例は、日本だけではありません。ここではアメリカのJ・Z・ミューラーという歴史家が、『測りすぎ』という面白い本の中で書いていることを紹介します。テストが目的化してしまっているというアメリカの状況です。

「能力テストは、普段の報告で生徒が身につけた知識や能力を測るためのものだ」。あくまでも普段の学習の成果を確認するのが重要なはずだということです。ところが、実際の学校では、「その教育が生徒のテストの成績を上げることを重視するようになると、テストは本来測るはずだったものを測らなくなる。例えば、授業時間がテストを模した複数選択式の問題に答える練習に割かれると（過去問題を解くなどして）、生徒はテストでいい点を取れるかもしれないが、テストの内容について実際何かを学ぶということはなくなってしまう」。

これはアメリカの例ですが、何か身につまされます。日本のそこらじゅうで起きているような状況かもしれません。

では、どうしたらいいのでしょうか。私は、一つには、教師の理想や理念と生徒の現実的な思惑との間にズレがあればいいのだと思っています。教師は「教育の目的」を見失わないようにしながら、教えていることの意義や面白さを、自分では明確に意識しながら教えるべきだと思うのです。

教師自身が、「この内容は面白いし学ぶ意義も大きい」と思って教え方を工夫したりすれば、教師が教えてくれることの中身を「面白い」と思う子どもも、もっと増えるでしょう。ただし、子どもたちの多くは、その中身に興味を持たないかもしれません。でも、そういう子どもたちも、「定期試験があるから」「入試があるから」と、勉強はしてくれるでしょう。

もう一つには、「勉強の仕方をいろいろ工夫させる、考えさせる」ということを、学習指導の際のポイントの一つとして、もっと重視していけばいいと思うのです。これまでの学校は、教育内容をいかに効率的に伝えるか、理解させるかに、授業の力点が置かれてきました。でも、多くの子どもにとって大きなハードルは、「自分でどのように勉強すればいいのかよくわからない」というものだと思います。新しいことを学ぶという過程におけるさまざまなスキルが、なかなか習得されないのです。学校に行っている間に「学び方」のノウハウをうまく身につけた人は、一生涯、新しいことを独力で学び続けることができます。

学校には他にもいろんな機能がある

ここでは、社会化機能、選抜・配分機能の二つに焦点を当てて話をしてきました。実は、学校は、ほかにもさまざまな社会的機能を果たしています。

たとえば、学校は社会の格差を正当化する機能を果たしているという見方があります。「正当化機能」と一般に言われています。学校は、できる／できないという、業績（成績）による格差づけをやります。勉強ができる子／できない子という差別化をし、その差に沿って異なった処遇（分化した社会化）を行います。勉強の苦手な子にはやさしい内容、得意な子には難しめの内容に取り組ませる、というふうに。何年間も経つうちに、子どもたちの間には大きな学力の差が生まれます。それが子どもたちの進路の差になり、最終的には、社会の中で子どもたちが手にする地位や報酬の差になっていきます。

つまり、学校があることによって、勉強ができて高い教育を受ける子どもは、給料が多いとか、大きい権力を持つなど、社会の中の高いポジションに就いていきます。それに対して、十分な教育を受けられなかった子どもたちは、いいチャンスから締め出されます。低賃金な所、危険な仕事へ行きます。

そのとき、自分が高いポジションに就いている人たちは、「自分は高い教育を受けたから、それだけの報酬を手に入れて当然だ」と主張します。もう一方の低いポジションに甘んじた人たちは、「自分は十分な教育を受けられなかったし、努力も足りなかったので、結果的には、こういう安い賃金の不安定な仕事に甘んじるのは仕方がない」と諦めてしまう。社会の中の大きな格差を、学校教育が全体として正当化する役割を果たしているというわけです。少し悲しいですが、それが現実です。

学校が子どもたちに居場所を与えているという、「居場所機能」を指摘することもできます。二十世紀初頭のイングランドでは、今の中学生ぐらいの子どもたちが、日中、あちこちでウロウロしていました。工場法の改正により、「児童労働は禁止！」となったので工場の勤め口から締め出され、町中でたむろって悪さとかしたりしていたそうなんです。それで、「一四歳まで義務教育の年限を延長しよう」という話になりました。学校が子どもたちを収容することで居場所を与えた、ということです（Rose,1991）。

日本でも、同様のことは起きました。一九六〇年代には、都会に集まった有職・無職少年による凶悪非行が多発していました。中学校を卒業後、集団就職で都会に出てきたけれどうまくいかず、集まって事件を起こしたりするような少年がたくさんいたのです。しかし、一九六〇年代末ぐらいから七〇年代にかけて、そうした少年たちの凶悪・粗暴事件が急減していきました。なぜかというと、その年齢層の子どもたちのほとんどが、高校に行くようになったからです。十分な学力を持たない子を抱えて「教育困難校」と呼ばれる高校もたくさん登場することになってしまいましたが、そういう高校も、「居場所を与える」という機能はちゃんと果たしていきました。

一九九〇年代ぐらいから、この「学校の居場所機能」が重視されるようになりました。不登校問題への対応が議論される中で、子どもにとって「安心できる場」として、学校の居心地の良さを高めようという施策がとられるようになってきたのです。

ほかにも学校が果たしている機能を考えることができます。学校は、「教育の目的」を目指しながら、多様な機能を果たしている場なのです。

ミューラー、J・Z　二〇一九『測りすぎ——なぜパフォーマンス評価は失敗するのか？——』松本裕訳、みすず書房。
Rose, Lionel, 1991, *The Erosion of Childhood: Childhood in Britain 1860-1918*, Routledge.

第3章　知識と経験

1　学校の知

学校の勉強よりも世の中での経験？

学校で教えられる知識（学校知）が何の役に立つのか、わからない子どもはたくさんいますね。それどころか、いろんな教科を教えている先生自身が、その教科の知識を学ばせることが子どもたちにとってどんな意味があるのかを、考えたこともなかったりしませんか。学校で学ぶ知識の意義がわからなくなると、「学校知よりも経験だ！」という教育論が登場してきます。「学校での勉強よりも、世の中に出て経験から学べばいい」と口にする大人も少なくありません。

学校で学ぶものよりは経験が重要だという経験重視の教育論は、社会全体に根強くあります。そこにはいろいろなバリエーションがあります。「学校で学ぶ知識は世間で使えない（使わない）」とか、「学校で教えている教師は世間知らずで、子どもたちに無意味なことをやらせている」とか。「学歴競争は役に立たないことを学ばせて、単に知的な優位を競って、勝者と敗者をつくるだけのゲームだ」など。

さらに、「仕事に必要なものは会社に入ってから学ぶから、学校の勉強はどうでもよい」、「身の回りの人からいろんなことを学べば十分だ。別に学校で教わる必要はない」と、さまざまな言い方が存在します。

この章では、こういうタイプの教育論をどう考えるかというお話をします。

学校知不要論のそれなりの根拠

「学校知よりも経験」という議論には、一定の根拠があります。子どもたちは、学校教育以外の場で多くのことを学んでいくからです。第1章の図1-2（二九頁）を思い出してみてください。子どもの身の回りには、たくさんの種類の社会化エージェントが存在します。学校というのは、子どもの社会化を促すたくさんのものの中の一つにすぎませんでしたよね。

考えてみれば、大人も同じです。大人もまた、たくさんの種類の社会化エージェントに囲まれ、いろいろなことを学びながら人生をやっていきます。もちろん、本を読んだり、ウェブで調べものをしたりすることはできますが、それらとは別に、大人も普段のさまざまな経験から学び続けています。

特に重要なのは、「仕事から学ぶ」です。人は仕事に携わりながら、同時にいろいろなことを学びます。社内研修とか実地研修のような、「これを学べ」と用意されたものを学習させられることもあります。しかし、それだけではありません。手がけている作業の中身それ自体から何かを学んだり、一緒に働いている上司や先輩の様子を見ながら学ぶというのもあります。上司や先輩がわざわざアドバイスや指導をしてくれることもあります。

仕事以外の場面でも、生活をしながらその中で学ぶ、ということはたくさんあります。たとえば、役所に行って何かの手続きをするとか、近所の人と話をすることといったことが、それ自体、新たな学習の機会になります。

「経験から学ぶ」というとき、仕事であれ生活であれ、「失敗から学ぶ」というのが、とても重要です。物事がうまくいっているときには、新しい学習は起きにくいのですが、何か失敗すると、「どうすればよかったんだ？」と考える機会になるからです。私の学生には、「若い頃は、失敗して恥をかきながらいろんなことを覚えていきなさい」と言うようにしています。若い人はどうしても失敗を恐れる気持ちばかりが強いからです。みなさんもどうか、たくさん失敗してください。

ただし、失敗してもそれをしっかり反省しないと、学習の機会になりません。私は学生たちに、「同じことで三度失敗するな」と言うようにしています。失敗にはたくさんの条件や要因が関わっていますから、一度の失敗を多面的に振り返ることが必要ですが、それは容易ではありません。でも、また同じ失敗をしたら、反省すべきポイントが明確になります。「あ、前と同じ失敗をしちゃった」と気がついたときに、その共通の失敗の性格や原因を探してくれればいい、と思うようにしています。

ともあれ、仕事をしながら新しいことを学んだり、周囲から学んだり、失敗から学んだりして経験を重ねていく中で、人は、いつのまにかいろんなことをたくさん学んでいるものなのです。

だから、「経験から学ぶ」というのが、それなりに人生をやっていく上で、とても重要だというのは本当です。「学校知よりも経験」という主張する人の議論には一理あります。

しかし、だからといって、「学校の勉強は要らない」かどうかは、別問題です。「Bは重要だ」という命題（主張）がもしも正しいとしても、それによって、「AよりもBの方が重要だ」とか、「Aは不要だ」という結論が導かれるわけではありません。

学校知＝世界の縮図

私がこれからお話ししたいのは、学校で教えられる知は、子どもの日常生活を超えた知だからこそ重要だということです。ただしそうであるがゆえに、その内容は子どもにとってなじみにくいものだ、ということも説明します。

ここでは、ドイツの教育哲学者のK・モレンハウアーが書いた『忘れられた連関』（今井康雄訳、みすず書房）の議論を紹介します。モレンハウアーは、議論の材料として、『世界図絵』（一六五八年）という世界初の子ども向けの絵入り教科書を作ったJ・A・

コメニウスについての考察を通して、学校の知の特異性を説明します。

モレンハウアーが考察に使うのが、「提示」・「代表的（代理的）提示」という概念です。第一次的な生活世界、すなわち普段の生活の中で、周囲の大人と一緒に生活することそれ自体の中で、子どもたちはさまざまなことを学んでいました。羊飼いの子であれ、農民の子であれ、大人と一緒に暮らし、家業を手伝ったり、雑談の輪に入ったりする中で、いろいろなことを覚えます。生活それ自体が学習の過程なのです。人間の長い歴史のほとんどは、これで何とかなってきました。「羊飼いの子は羊飼いになる」「農民の子は農民になる」というふうな伝統的な社会では、生活即学習という「提示」という形式で、人は一人前の大人になれていたわけです。

しかし、社会が発展して複雑になり、子どもたちが親とは異なる生き方をするようになっていくと、「提示」だけでは不十分になっていきます。モレンハウアーの言葉を借りると、「社会的生活が複雑化するにつれて、子どもを待ちかまえている実生活の諸関係は、そのどれをとっても子どもにとって近寄り難いものとなる。将来必要となるものが子どもの第一次的な生活世界に含まれる度合いはますます低くなるわけである」。

たとえば、契約をするとか、遠くの世界とコミュニケーションするとか、どこか外で作ったルールが持ち込まれるというようなことがどんどん起きてくる。耳慣れない単語で示された新奇なものを理解しないと、外の世界で仕事にありつくことができなくなる。そうなると、日常の身近な関係だけの中の学習では対応しきれません。「この結果、おとなが自らの生活を生きて見せる『提示』とは別に、社会的・歴史的文化のうち、経験によっては子どもが到達し難い部分を何らかの仕方で彼らに知らせてやるという課題が生じる」。モレンハウアーが指摘する、この「経験によっては子どもが到達し難い部分」というのがポイントです。つまり、身の回りにないものを学ばせる必要が生じてきたのだ、という話です。

そこで、学校の重要性が出てきます。学校は、この世界がどうなっているかということを、言葉や記号を使って子どもたちに学ばせる役割を果たすというのです。ここが重要なポイントです。

子どもたちは学校に通って、そこで、「カリキュラム化された知」を学びます。その

「カリキュラム化された知」というのは、この世界を再構成して縮約（縮尺）したものです。モレンハウアーは、学校のカリキュラム化された知を通した学習の形式を、「代表的提示（代理的提示）」（Repräsentation）と呼んでいます。モレンハウアーの本の訳者である今井康雄さんの解説を引用しておきます。「そこでは子どもたちは、学校のような実生活から区別された空間のなかで、言語的・記号的に組織された知識を学ぶことになる。……子どもたちは、知の世界を通して現実世界とは何であるかを知り、こうして現実世界への参入が準備されることになる」（今井 二〇〇九）。

生まれ育った身の回りの世界を超えて、広い世界で生きていくためには、子どもたちは、言葉や記号を通して、この世界がどういうものなのかを理解しないといけない。学校で教えられるのはそういう知なのです。だから、学校知は、いわば記号化された「世界の縮図」だといえるのです。

コメニウスの『世界図絵』

ちょっとわかりにくいかもしれません。モレンハウアーが説明に使ったコメニウスの

『世界図絵』をみてみましょう。

図3―1(次頁)は、その中の「人間の七つの年齢段階」のページです。図の左下に赤ん坊がいます。人生はここから始まるわけです。それから、その隣に男の子と女の子、若い男性と若い女性がいます。一番高い段にいるのが、人生の絶頂ということで、成人の男女です。私なんかはすでに年を取って、ずっと右下のほうに行っています。最後は杖(つえ)を突いている状況です。

そこに数字が書いてありますが、その横には呼び名がラテン語とドイツ語で書かれていました。これは人間の一生をどういう言葉で呼び表すかを学んだわけです。

図3―2(次頁)は、「海の魚と貝」のページです。「海の怪物」と説明されているのはクジラですね。2はイルカです。3にはアザラシがいます。潮を吹いているのはクジラですね。8はヒラメ、9はタラです。トビウオやエイもいて、巻貝とか二枚貝もいます。

図3―3(九三頁)は、「月の状態」のページです。太陽があって、月があって、地球があります。数字が書いてありますが、太陽と地球の間に月が来たときには、月は輝きません。「新月」ですね。「三日月」があって、ずっと下のほうには、太陽と反対側に

図3−1　人間の七つの年齢段階

図3−2　海の魚と貝

来たときの月が描かれています、「満月」ですね。ああ、月の満ち欠けは太陽と地球との位置関係で決まるのだということが理解できますね。すばらしい。ただし、残念ながら、この図は地球が世界の真ん中にある「天動説」のような図ですけれども。

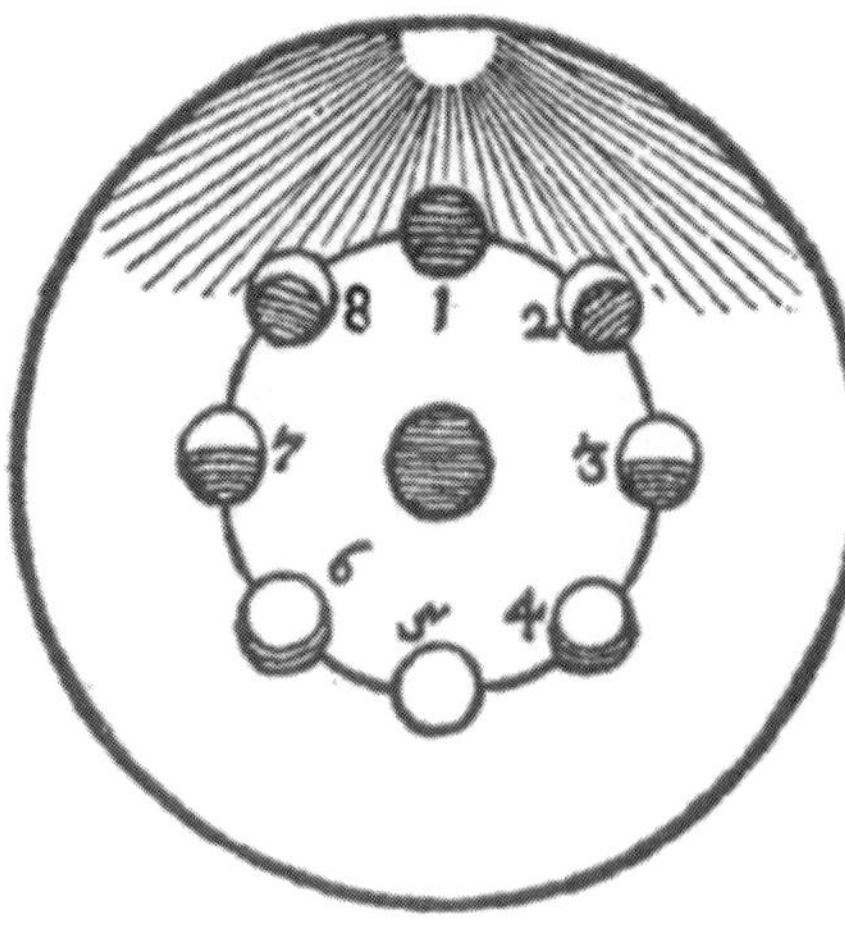

図3－3　月の状態

学校知はより広い世界への通路

図3－1は、当時の子どもたちにとってもなじみやすいものだったでしょう。身分による服装の違いは別にして、赤ん坊から年寄りまでのさまざまな年齢層の人たちを、子どもたちも普段から目にしていたからです。

でも、図3－2はそうではありません。「海なんかあたりまえに知ってるじゃないか」というのは、テレビが普及した後の今のわれわれの「あたりまえ」であって、十七世紀の中部ヨーロッパに生まれ育った子どもは、海辺に住むごくわずかな子どもを除いて、海を見る機会はありませんでした。ましてや、クジラとかアザラシなんかは、ほとんどの子どもは、この『世界図絵』で初めて知ったことでしょう。

図3－3も興味深いものです。月の満ち欠け自体は、当時の子どもは日常生活の中で目にしていました。しかし、毎日のように月の満ち欠けを見ていても、なぜそうなるのかについて、普段の観察から理解することは難しいでしょう。この図は、生活しているだけではわからない、月の満ち欠けの理由を理解させてくれるのです。

なぜコメニウスは、こんな本を作ったのでしょうか。コメニウスはキリスト教の聖職者ですから、神がつくったこの世界が何なのか、すべてのことをすべての子どもに教えたいと考えたのです。海の生物の絵が入っているのは、「それは神が作ったこの世界の一部だから」ということになるでしょう。

先ほど、「学校知は世界の縮図だ」という話をしましたが、この点は、コメニウスの『世界図絵』と、現在の学校のカリキュラムとは同じです。さまざまな教科は、われわれが生きている世界をある側面から切り取って再構成されたものです。

今、子どもたちが学校であたりまえのように学んでいる国語は、日常生活であまり使わない言葉も含めて、私たちが言葉を使いこなせるようになるためのものです。算数や数学は、世界を数量的に理解する、あるいは図形的に理解するときの道具です。地理は、今生きている世界をもっと広げて知ることになるし、歴史は、時間軸で過去にさかのぼって、私たちを知ることになります。

物理や化学は、物がどういうふうに運動したり、どういうふうに質が変わっていったりするのか、そこには原理と法則があって、それに沿って物が変わっていることを理解します。外国語は、世界の人たちとのコミュニケーションだし、音楽、美術、体育は、人間がつくり出した文化をコンパクトに縮約して、それぞれの領域の知識やスキルを身につけるものです。

つまり、学校で教えられているカリキュラムは、「この世界が何なのか」について縮約・再構成された知識や文化であり、あるいは、それをベースにした技能の習得のようなものです。ですから、日常の生活世界での経験では学べないものが、「カリキュラム化された知」として学校で学べます。そこでは、親や友だちからは学べないような種類の知を学ぶことができます。

重要なことは、それによって、子どもたちはより広い世界に出ていくことが可能になるということです。

何よりも、親とは違う職業に就いていくときに、単に親から学んだだけでは足りないものを、私たちは学校から学んでいます。私は今、大学教員をやっていますが、私の父は電力会社の下っ端社員でした。私の父の父は農家でした。没落農家の次男坊だった私の父は働きながら定時制高校で学び、独自に人生の道を切り拓きました。私は大学院まで行き、父とは別の道をたどりました。学校で、「この世界が何なのか」についてのさまざまな知を学ぶことで、子どもたちは親の職業とは別のさまざまな進路の可能性が開かれるのです。

ただし、学校知は、仕事に役に立つこともあれば、当然、役に立たないこともあります。なぜならば、「世界とは何か」を学ぶのであって、職業人の育成のためだけに学校があるわけではないからです。

たとえば、「この世界が何なのか」を学ぶ学校知は、さまざまな公的生活にも役立ちます。ニュースを理解し、自分なりに政治的な判断をして、選挙で投票したり募金や署名に応じたりする、といったことが可能になります。役所から届く通知を読んで理解したり、「行政からのお知らせ」に目を通して、わが家に必要なサービスを申請したりもできます。

また、学校知は、身の回りには存在しない文化に触れる機会にもなります。私が子どもの頃の我が家には、美術館や博物館にいく習慣がなく、音楽のレコードも（当時の言葉で言うと）ちょっとエッチな感じのする流行歌ぐらいしかありませんでした。周りの子どもでお稽古ごとというと、みんなそろばんと習字の塾に行っていて、「ピアノを習っている」とか「絵画教室に行っている」という子はまれでした。そういう環境の中で育った私は、学校の「美術」や「音楽」で教わったさまざまな芸術や音楽の知識が、その後の私の文化活動の基礎になりました。大学生になって、自分で美術館や博物館に行ったり、コンサートに行ったりするようになったとき、「美術」や「音楽」で学んだことが役に立ちました。

要するに、「世界の縮図」としての知を学校で学ぶことによって、子どもたちは生まれ育った狭い世界から抜け出して、より広い世界に出ていきます。人生のさまざまな生き方の可能性を、学校は与えてくれるわけです。それは職業的に役立つ側面もあるし、それだけではなく、市民として、あるいは個人として生きていく生活全般に関わる、基礎的なものを提供してくれるのです。

ただし、もうひとこと言い添えておきます。「世界の縮図」としての学校知に何を盛り込むべきなのかは、いつの時代も論争的な主題で、教育界における対立の中心の一つであり続けています。大事なものが抜け落ちていたり、おかしなものが強調されたりすると、いびつに歪んだ「世界の縮図」になってしまいます。軍国主義の時代の教科書なんかを見ればよくわかります。

学校の勉強がつまらない理由

学校知はより広い世界への通路だというお話をしました。しかしながら、このような学校知の性格は、子どもにとってのなじみにくさの源泉でもあります。「経験によっては子どもが到達し難い部分」（モレンハウアー）が学校で教えられているとすると、しかも言葉や記号を通して教えられるとすると、子どもたちの日常の経験とは疎遠なものが教えられていることになるからです。

中学校では、「水酸化バリウムと硫酸を混ぜる実験」とかが出てきますが、水酸化バリウムも硫酸も、普段まったく見たこともない物質です。中学生だった私は「なんだこれ？」と思いました。硫酸バリウムなんか身近な所にはありません。ないけれども、化学の法則を知るためにそんなものを勉強します。「ヒッタイトが鉄器を使用し始めた」とか習っても、「そんな昔のこと、どうでもいいじゃないか」と思う子どもがいてもおかしくはないですよね。毎日毎日、身近な経験とは無縁な新しい知識を、小学校に入ったときからほとんどの子どもは高校を卒業するまで十二年間も勉強させられるわけですから、子どもたちは大変です。

「勉強がつまらない」というふうに映る子どもたちに対して、教育の世界では、いろいろ苦労や工夫を繰り返してきています。日常的な事例を素材にしてみたり、学んだことを日常経験とむすびつけて事項を理解させようとする工夫もあります。また、むしろ何かをまず経験させて、その中から学習すべき本質的な事項を探し出して学習に役立てていこうとする考え方もあります。「学校のそばの川で、自然観察をしてみよう」とか。

職業教育のように、未来の職業上の「経験」を先取りして教えようとする教育もあります。「これを知っておくと、○○になったときに仕事で使うんだ」と。さらには、「受験が終わるまで、何も考えるな!」などと、進学や就職をエサにして、勉強に取り組ませるやり方もあります。受験の合格や資格の取得という、「目に見える有用性」のみを掲げるということです。ただし、どういうやり方を採用しても、さまざまな問題がつきまといます。

いずれにせよ、多くの子どもたちに「勉強がつまらない」というふうに映るのは、学校の知の本質です。つまらないと思った人は多いと思いますが、学校はそういうものです。身近な日常経験とは切り離されたものを教わっているので仕方がありません。

2 知識と経験

経験は狭い、人生は短い

少し違う角度から学校の知の意義を話しましょう。一つ目は、経験は狭いし、経験し続けるだけでこの世の中のいろいろなことを学べるほど人生は長くない、ということです。

十九世紀ドイツの「鉄血宰相」と言われたオットー・フォン・ビスマルクが、「愚者は経験から学ぶ、賢者は歴史から学ぶ」と言ったと言われています。正確には少し違うようですが、なかなか味わいのある言葉です。

愚かな人は自分が経験したところから学ぶ。賢者はほかの人の経験、すなわち、歴史の中の誰かの成功や誰かの失敗、そういうものから学んで、自分の目の前のことに生かしていく。そういう意味の言葉です。

身近な問題を日常的にこなすためには、多くの場合、自分の経験だけで大丈夫かもしれません。しかし、身近で経験できる範囲の外側にある問題や、全く新しい事態にある問題について、考えたり、それに取り組んだりしようとすると、身近なこれまでの自分の経験だけではどうにもなりません。

たとえば、何年も商売をやっていくと、商売のこつを覚えたりお客さんとの関係ができたりします。難しい言葉も文字式も、社会も理科も、そこには不要です。しかし、ある日、「今、自分たちの市で起きている再開発計画について、商店街のみんなで対応を考えましょう」という話になったら、商売の経験だけでは対応できません。再開発計画の書類を手に入れて目を通したり、法令を調べたり、みんなで議論をしたりすることが必要になります。それには、経験で身につけた日々の商売の知識やノウハウとは異なる種類の知が必要になるのです。日々の経験を超えた知、です。

あるいは、会社に入ってどこかの営業所に配属されて、一生懸命に頑張っていたけれど、突然、「東南アジアに行って、工場を造る責任者をやれ」とか言われた場合を考えてみてください。田舎町での営業のノウハウでは対応できません。そこでも、今まで経験で身につけたことのない知が必要になります。

ジョン・デューイという非常に有名な教育哲学者が『民主主義と教育』(岩波文庫、松野安男訳)という本の中で、次のように書いています。「経験の材料は、本来、変わりやすく、当てにならない。それは、不安定であるから、無秩序なのである。経験を信頼する人は、自分が何に頼っているのかを知らない。なぜなら、それは、人ごとに、また、日ごとに変わり、そして言うまでもなく国ごとにも変わるからである」（前掲書下巻、一一〇頁）。ある人が経験するものは、たまたまそれであって、偶然的で特殊的なものなのです。

それどころか、個人の経験というのは、狭く偏っていたりもします。デューイは、次のように述べています。「経験からは、信念の基準は出てこない。なぜなら、多種多様な地方的慣習からもわかるように、あらゆる相容れない信念を誘発するのが、まさに経験の本性そのものだからである」（同右）。

つまり、経験は大事だけれども、それはどうしても狭い限定されたものでしかありません。しかも、経験から学ぶというときに、経験の幅を少しずつ拡げていくのには結構時間がかかります。少しずつ経験を拡げたり、何度も失敗したりするためには、人の人生はあまりにも時間が限られています。

むしろ、文字による情報を通して、ほかの人の成功や失敗がどうだったのかとか、ほかの人の経験がどうなのかということを学ぶのが、てっとり早く「自分の経験」の狭さを脱する道です。そこでは、単に文字の読み書きができるというだけでなく、学校で学ぶ社会科や理科、外国語や数学の知識などが役に立つはずです。何せ、学校の知は「世界の縮図」なのですから。

知が経験の質を変える

二つ目に話したいのは、知識があるかないかで経験の質は違うということです。「知識か経験か」という二項対立ではなくて、そもそも経験の質は、知識があるかないかで異なっているのです。

ここでも再びデューイの議論を紹介します。一つ目は、十分な知識があれば、深い意味を持つ経験ができる、ということです。デューイは、同じように望遠鏡で夜の星を見ている天文学者と小さな少年との違いを例に挙げて論じています（前掲書下巻、二六頁）。望遠鏡で見えている星は同じです。だけれども、そこから読み取るものは全然違うということです。望遠鏡を覗（のぞ）いている小さな少年は、「赤く光る星がきれいだなあ」と思うかもしれません。しかし、同じ星を同じような望遠鏡で見ている天文学者は、「この光の色は、星の温度や現在の状況を伝えている。この星の色をどう考えればいいんだ」ということを考えながら星を見たりするでしょう。そこから、宇宙の謎が解明できるかもしれません。「単なる物質的なものとしての活動と、その同じ活動がもつことのできる意味の豊かさとの間の相違ほど著しいものはない」とデューイは述べています。

これは私たちもよくあることです。たとえば、海外旅行でどこか歴史的な建造物を見に行くという話になったときに、歴史を知っているか知らないかで興味の持ち方や見方が全然違います。歴史を知らない人は、「大きいな」とか、「古いな」とか、「壊れかけているな」とか、「人がいっぱいいるな」とか、そんなことを思いながら建物内を歩いています。それに対して、歴史を知っていて、なぜこの建物がこういう形で残っているか知っている人は、「あの物語に出てきたあの建物だ！」とか、「この柱は何やら様式で、何やら王が趣味で造らせたんだ」とか、そういうふうに楽しみ方がまったく違います。同じものを見ても質の異なる経験になる。知識があるかないかで経験の質が違うのです。

デューイが言っている知識と経験の話でもう一つなるほどと思うのは、まだ経験していないもの、これから何が起きるかといったことを考えるために、既存の知識が必要だ、と述べているくだりです。

デューイはそれをこういうふうに書いています。「知識の内容は、すでに起こったこと、終了し、またそれゆえに解決され、確実であると考えられているものなのであるが、知識の関係する先は未来すなわち前途なのである。というのは、知識は、今なお進行中のことや、これから行なわれようとしていることを、理解したり、それに意味を与えたりする手段を提供するからである」（同下巻、二一八頁）。私はここを読んで、「ああ、なるほど」と思いましたね。

デューイが挙げている例は医者の例です。目の前の患者の症状、頭が痛いとか喉が痛いとか、既往症が何かとか、こういうのを全部総合して考えると、これはこういう病気でこれからこうなるから、そうすると投与すべき薬はこれだとか、そういうふうに考えます。そのことをデューイは、「直面する未知の事物を解釈し、部分的に明らかな事実をそれと関連して思い当たる諸現象で補充し、それらの事実の起こり得る未来を予見し、それによって計画を立てる」と述べています。十分な知識があってこそ、「目の前の患者を診る」という新しい経験に、適切に対応できるわけです。

同じように、われわれは、世の中のあれこれについての知識を持っていて、それを使って、現状を認識し、未来に向けた判断をするのです。知識は常に過去のものです。過去についての知識を組み合わせて現状を分析し、未来に向けていろいろなことをする。これが知識の活用の本質です。そうすると、学校の知というのは、そういう意味で意義がとてもよく分かるわけです。無味乾燥に見えるけれども、世界がどうなっているかという知識をみんなが勉強して、それを使って目の前の現実を解釈して、新しい事態への対応（新たな経験）に活かしていけるわけです。

「学び方」自体を学ぶ

「経験重視、体力勝負の仕事」というのがありますね。でも、そこでも、今の社会は大きな変化が生じています。面白い研究があるので紹介します。筒井美紀さんという法政大学の先生が、高校を卒業した若者の現業職のキャリアについて研究をしました（筒井二〇〇八）。高校を卒業して、土木建築の現業の職種、穴掘りとか土管つなぎとか、そういう仕事に入った若者たちはその後どうなるのかということを研究しました。面白いのは、彼らはしばらくすると勉強しないといけなくなるんだというのです。いろいろな技術系の資格があるので、いろいろな資格を取っていきます。そのためには資格試験を受けないといけないというのです。

たとえば、安全管理の責任者になるために、安全管理系の資格を取ったりします。そのためには、危険な薬品とかがちゃんと理解できないといけないから、結局、化学の知識が必要になったりします。作業責任者になるためには、法令を読みこなして理解したり、書類を作成したりするスキルが必要になったりします。だから、「高校までの勉強は要らない、体力が勝負だ」とか言っていても、しばらくすると、何のことはない、高校までの知識を総動員して勉強しないといけなくなったりするのです。

若いうちに学校で、しっかりとたくさんの知識を身につけておくことは、二つの意味でその後の人生に役立つと思います。

一つは、その知識を基盤にして、さらに新しい知識を得ることが可能になるということです。地球温暖化問題とか、脱炭素化技術とか、イスラム原理主義とか、何か気になったものがあると、本を買って読んだりウェブで検索したりして、自分で調べて勉強することができます。そのときには、テーマによって異なりますが、化学や物理、世界史など、高校までに学んだことの知識があるからこそ、理解が容易だったり興味を持てると思うことがたくさんあります。

私はつい最近、生命の歴史を学びたくなって、『生命40億年全史』という本を買って読みました。面白かった。生物を高校のときに学んでおいたのが役に立ちました。その少し後、イスラム世界について理解を深めたくなって、『イスラーム帝国のジハード』という本を読みました。面白かった。高校のときに世界史を教えてくださった横山先生の顔を思い浮かべて感謝しました。

もう一つは、第2章でこの点はお話ししましたが、何年間も学校で勉強していくうちに、自分にとってまったく新しいことを学ぶ際の「学び方」が身についていく部分があるということです。私は中学・高校時代、自分なりの「学び方」の工夫を器用にあみ出しました。そのテーマに関する急所の概念や説明をまず理解し、覚えること。自分でポイントを図や表にしてわかりやすくして覚えること。新しく学んだもの同士を相互に結びつけて全体の構図を理解していくこと、……。こうしたことは、私が高校生のときに勉強していたやり方ですが、それを今でも新しいトピックを学ぶときに実践しています。

「検索」だけでは質の高い情報にたどりつけない

ウェブの情報をどう考えるかという話も少しします。ウェブでキーワードを入れると、いろいろなことがわかる時代になり、とても便利になりました。私なんかも仕事でずいぶん使っています。

しかし、ウェブの情報の大きな問題点は、断片的で、体系性や系統性や累積性がないということです。大事な情報もどうでもいい情報も、ぱっと並んで出てきます。間違いである情報も混じっています。何かのキーワードで、何千件もヒットしたりすると、本当に大事な情報にたどり着かない可能性があります。

しかも、ある程度の知識を持っていないと、まったく理解できない記事もたくさんあります。「その気になりさえすれば、ウェブでいつでも学べる」という見方もありますが、だからといって学校で学ばないでいいというのは、あまりにも非効率で困難な道です。ＡＢＣも十分に修得しなかった人が、大人になって、「英語を始めよう」と思っても、ＡＢＣから始めるとしたら、結局、膨大な時間をかけてしまうことになります。平安時代も藤原氏も聞いたことがない人が「藤原道長」について検索したとしても、その記事に出てくる説明はさっぱりわからないでしょう。

また、十分な基本的知識をもたないでウェブ情報に頼る場合の問題は、何よりも、「その情報をうのみにすることになってしまう」、ということです。知ったかぶりをして書かれたおかしな記事を信じ込んでしまったり、対立する見方がある問題で、最初にヒットした記事で自分の意見を決めてしまうとか、そんなことが起きます。どこかの記事をそのまま自分の意見にしてしまうことは、しばしば起きますが、そこでは思考や懐疑が欠落し、判断も危うい事態が生じます。

なので、一定程度のまとまった知識がないと、検索をしても重要な質の高い情報をうまく使いこなすことは難しいのです。

だから、子どもたちは、ウェブの情報があるから勉強しなくていいというのではなくて、ウェブの情報を十分に使いこなすために、若いうちにしっかりと学校で勉強する必要があると思います。

「できる大卒」と「できる高卒」

もう一つ、面白い研究を紹介します。私の後輩の濱中淳子さんが、「できる大卒」と「できる高卒」との違いについて、なかなか面白い研究をまとめました。たくさんの職業人を対象にした質問紙調査の結果を分析して、仕事ができる人とできない人とでどこが違うのかを分析したんです。「仕事ができる／できない」は、所得で表すことにしました。そして、大卒で所得が高い人とそうでない人、高卒で所得が高い人とそうでない人は、それぞれどこが違っているのかというのを分析しました。

分析で吟味した主要な要因は、「①上司との対話の頻度」（対話が多いか少ないか）、「②ロールモデルの存在」（あこがれる先輩などがいるかどうか）、「③自己学習時間」、その他転職経験の有無や企業規模などです。

分析の結果、わかったのは、高卒で仕事ができる人（所得が高い人）は、「①」と「②」とが所得との間に有意な相関があり、「③」は影響がなかったそうです。つまり、高卒で仕事ができる人は、上司とよく対話し、先輩や同僚の中にお手本になる人を探して、そこから学んでいる、ということです。他者との関わりの中で成長しているわけです。この章の視点でいうと、経験から学べる人だ、ということです。

それに対して大卒の場合は「①」「②」は、「できる人」とそうでない人との間に違いがありませんでした。影響があるのは「③自己学習時間」でした。大卒の場合には、自分で勉強をする人が「仕事ができる人」になっていくのだ、ということです。

面白い分析結果ですね。私の解釈で言うと、高卒は基本的に同じポストで一つの仕事をずっとやらされることが多いから、その仕事の中の経験から学べるかどうかが「できる／できない」を左右する。職場の普段の人間関係の中で、上司の話をうまく参考にしたり、周囲をよく見ながらいろいろ考えたりできる人が、「できる人」になるというふうに解釈できます。あまり昇進しないから、職場の普段の仕事をうまくやれる人が、「できる人」となるわけでしょう。

それに対して大卒の場合は、会社に入ってすぐやらされる仕事は単純なものであったとしても、そのあとポストが上がっていくにつれて、部下を持ったり仕事がどんどん高度で複雑なものに変化したりしていきます。その場合、身の回りから学んでいるだけではダメですよね。自分で何かテーマを決めて勉強するとか、新しい課題について調べたりする人が、「できる大卒だ」ということになるわけです。

すなわち、周りからうまく学ぶのが高卒の「できる人」だとすると、自分でどんどん学んでいくのが大卒の「できる人」だということです。大卒のみなさんで所得を高くしていこうと思う人は、目の前の仕事を通して学ぶだけではダメで、自分で勉強し続ける能力やスキルが重要だということです。

この本を手に取った高卒の人は、まずは、「上司の話をしっかり聞く」「お手本になるような先輩や同僚をさがす」をやってみてください。でも、それだけではなく、大卒の中の「できる人」と同じように、自分で何かテーマを決めて、コツコツ勉強してほしいと私は思います。気がつくと、あまり努力もしていない大卒の「できない人」を尻目に、会社の中の出世頭になったりするかもしれませんよ。

今井康雄 二〇〇九「メディア——教育をささえるもの」田中智志・今井康雄編『キーワード現代の教育学』東京大学出版会。

小杉泰 二〇一六『イスラーム帝国のジハード』講談社学術文庫。

コメニウス、J・A 一九九五『世界図絵』井ノ口淳三訳、平凡社ライブラリー。

デューイ、J 一九七五『民主主義と教育』（上・下）松野安男訳、岩波文庫。

筒井美紀 二〇〇八「個別教育システム間での不整合――高等学校と中小零細企業との関係を事例に」青島矢一編『企業の錯誤／教育の迷走――人材育成の「失われた一〇年」――』東信堂。

濱中淳子 二〇一三『検証・学歴の効用』勁草書房。

フォーティ、R 二〇〇三『生命40億年全史』渡辺政隆訳、草思社。

モレンハウアー、K 一九八七『忘れられた連関』今井康雄訳、みすず書房。

第4章　善人の道徳と善い世界の道徳

1　道徳的に生きる、とは？

道徳教育の功罪

教育は手放しで「良いもの」ではなくて、教育の中には無益な教育も、有害な教育もあります。道徳教育は、「有害な教育」になりやすい。「わしが考える道徳を学校で教えさせたい」という政治家の古びた道徳論なんかを目にすると、「おかしな道徳教育をやるぐらいなら、何もしない方がまし」と思ったりもします。

とはいえ、現実の日本の学校教育では道徳教育が制度化されているし、一般的にみても学校は、子どもたちに道徳的な影響を与えています。今の日本の学校で、道徳教育をよりよいものにしていくとすると、どういうことを考えないといけないのかといった観点から、この章では道徳教育のあり方を考えることにします。

善と悪との争いではない

私がまだ子どもだったころ、テレビに出てくるヒーローたちは、いつも悪をやっつけてくれました。「水戸黄門」も同じですね。行く町、行く町、必ず「悪代官」とか「悪徳商人」とかがいる。この世界が、もしも善と悪との二大勢力の争いだったら、こんなに簡単なことはありません。善が悪を懲らしめれば終わりです。しかし、大人になっていく中で私が理解するようになったのは、もっと複雑なことでした。

一つには、「善人が悪をなす」ということです。会社ぐるみの犯罪とかがそうですが、一人ひとりの社員はごく普通の人で、仕事場ではみんなとうまくやり、命じられたとおりにそつなく仕事をこなし、家に帰ると仲睦(なかむつ)まじい家族で、普通に暮らしている。でも、その仕事では、法令違反が日常的なルールや慣行になっていたり、法令違反の何かをやるための片棒を担いでいたりすることがあります。「これ、ヤバいから、やめた方がいいですよ」と上司に言うのは勇気が必要だし、そもそも、自分が担当する部分は直接法令に触れないような仕事だったりすると、悪をなしているという自覚すらない可能性があります。法令違反のプロジェクトを命じた当の責任者も、あくどい人間ではなく、

「会社の発展のためにやむをえずやった」とか考えていたりするかもしれません。

ジンゴイズム（jingoism）という英語があります。偏狭な愛国主義、攻撃的な愛国主義のことを意味しています。自国の権益を守りたいからと、他国への高圧的な態度や好戦的な主張をするような人たちの考え方がジンゴイズムです。ウェブの書き込みで、「○○は反日だ！」とわめいているようなものがいっぱいありますが、典型的なジンゴイズムですね。当人たちは善意でというか、正義感をもちながら、「あいつらを、やっつけてしまえ！」と叫んでいるから、なかなかやっかいです。実際に会ってみると、腰の低い、善良な人だったりするそうです（私も一人、知り合いにそういう人がいます）。

もう一つには、善と悪の対立に映るものは、「善意のぶつかり合い」であることがよくあるということです。町の再開発の議論を例にとってみましょう。一方には、「商店街の道路を拡幅して、渋滞を減らしつつ災害に強い町作りを進める」と主張する人がいます。しかし、他方には、「道路の拡幅をやると、たくさんの小さな商店が一掃されて商店街の魅力が低下し、町の活力が下がる」という議論も出てきます。国と国との対立や、民族間の緊張なんかもそういうものです。どちらの側も自分たちの言い分がある。

これは「善と善との争い」なんですね。そこには「悪人」はいないわけです。善意を抱いた個人が普通にやっている行為が、社会にとっての「悪」に加担してしまうことがある。また、「善」は多様にありえて、さまざまな人が異なる価値を信じて善意でぶつかり合っている。そこでは、ある人の善意による行為が必ずしも善い結果を生み出さなかったりするわけです。ヨーロッパの格言には「地獄への道は善意で敷き詰められている」という言葉があります。なるほどね、と思います。

2 道徳的社会化の場としての学校

道徳教育論はなぜ困難なのか

学校における道徳教育のあり方について考えようとすると、私は途端に気が重くなってしまいます。ともかく面倒な「問い」がたくさんあるのです。

第一に、「道徳とはそもそも何か」といった一般的な難題がまずあります。「ある道徳の体系が正当化されるとしたら、その根拠は何か？」といった問いです。はっきり言いますけれども、万人が納得できる究極の道徳体系なんかないし、当然それを根拠づける理論もありません。

どこかの聖典や誰かの道徳論をもってきて「根拠はこれだ！」と言う人がいます。でも、その場合には、「では、その根拠自体はどういう正当化の根拠をもっているのか？」とさらに問われてしまいます。「『論語』にこう書いてある」とか、「ヘーゲルが道徳をこう説明している」とか言われたって、「だからといって、どうしてそれが正しいと言えるの？」とツッコミを入れることができます。

また、「みんなで共同生活をしている中で自然に作られたものだ」というふうに根拠を説明する人たちもいます。しかし、それに対しては、「そんな合意は成立していない」、「仮に暗黙の合意が過去にあったとしても、新しい世代はそれに縛られる理由はない」といった反論が出されます。「親父の頭は古いんだよ！」という、よくある親子間の葛藤は、そんな感じですね。

「人類は進化の過程で、ある性向をもった人たちが生きのびてきた」と、道徳の起源を進化に求める議論もあります。生存すること自体が大変だった初期人類の長い歴史の中で、他者と協力できるタイプの個体群の生存率の方が高かった。その結果、今の人類は、他者を気づかう遺伝子がもともと備わっているのだ、というふうな説明です（ジェイムズ 二〇一八）。これはなかなか興味深いし、納得する部分はあります。とはいえ、それはあくまでも、人類共通のOS（基本ソフト）を説明してくれるものにすぎません。文明社会以前の森林や草原でのサバイバルの論理を、現代の複雑な文明社会の道徳の体系にそのまま持ち込んだら、おかしなことが生じてしまいます。

このように、究極の道徳体系なんかないし、当然それを根拠づける理論もないわけですが、だからといって、私は「道徳には根拠がないから不要だ」と言いたいのではありません。根拠の有無と要／不要とは、別次元の問題です。暫定的で相対的、多元的なものとして道徳は存在してきているし、それは社会の変化の中でたえず見直され、更新されてきていますが、どういうものであれ、私たちの社会には道徳は必要だし、それがお互いの生活をより快適なものにすると思います。

第二に、「道徳を教えよう」という話になれば、誰がどういう道徳の中身を選ぶべきなのかという問題があります。専制国家なら簡単なのかもしれませんが、多元的な価値を許容するリベラルな社会においては、とても難しい問題です。

ドイツの教育哲学者、W・ブレツィンカは、「リベラルで民主的な体制をとる国家では、道徳や世界観を束縛しないことが市民に対して最大限に保障される。リベラルで民主的な国家では、構成員に美徳を要求し美徳の達成を促すことは、国民の社会的部分システムないし下位区分に任される」と述べています（ブレツィンカ 二〇〇九、一八二頁）。道徳の中身を決めて新しい世代に学習をさせるのは、国家がやることではなくて市民社会やコミュニティの次元で考えていくことだ、ということです。

われわれが住んでいる日本もリベラルな社会ですから（のはずですよね？）、相互にせめぎ合っている多元的な価値の多様性を尊重しなければなりません。そこでは、国が一律の道徳的な中身を定めて学校で教えさせるというやり方は果たして妥当なのか、その中身に問題はないのか、という問題に直面します。

日本では、戦後の長い歴史の中で、この問題をめぐってずっと対立が続いてきましたが、総じて保守派の声が政策になっていきました。一九五〇年代には、教科ではない「道徳の時間」が作られ、国が中身を定めて学習指導要領に掲げる、という道が選ばれました。二〇〇六年の教育基本法の改正では、それまで道徳教育の徳目だったものが、

「教育の目標」（第二条）にずらずら並べられることになりました。さらに、二〇一〇年代には、道徳を「特別な教科」として教科化する改革も行われました。教えるべき道徳の中身を国が決める社会になっているのです。

どういう中身を教えるべきかという問題もまた、延々と論争や対立が続いてきた長い歴史があります。現在の中身は、保守的な立場の人たちのものを中心に制度化されていますが、極端に保守的な人たちは、戦前の教育で聖典になっていた「教育勅語」を復活させよと主張しています。リベラル派の人たちは、ヒューマニズムや人権の尊重を重視しています。最左派の人たちの中には、「道徳教育はいらない」という人もいます。

第三に、「道徳は教えられるのか」という原理的な問題もあります。九九や漢字を覚えるのと、道徳を学ぶのとは、まったく異なるタイプの学習です。小学生のころの私は、「どうとく」の時間に、「何でこんなあたりまえのことを先生は話しているんだろう」と、退屈で仕方がありませんでした。皆さんも同様のことはありませんでしたか？

しかし、だんだんと成長して中学生や高校生になっていくと、「人間は、道徳の教材のような徳目に従って生きているわけではないし、自分もそんな生き方はできない」ということを、いつのまにか自然に感じるようになりました。道徳的にふるまうこともあるけれども、不道徳なことをしてしまうこともある、ということです。大学一、二年生の頃が一番はみ出した時期でした。「この社会にはおかしなルールや規範がいっぱいある。そんなものは無視だ！」と、あえて不道徳なことをやってみたりしました。いろいろ面白いことをやりました。たとえば、……。おっと危ない。若い青少年を教唆煽動してしまいかねないので、詳しい話は申し上げられません。

ここで話したいことは、要するに、道徳について学ぶということと、教えられた道徳に従って生きるということとは、異なっているということです。「教育勅語」を学ばされた戦前の社会でみんなが道徳的に生きていたかというと、そんなことはありません。不道徳な事象がいっぱいありました。国定の道徳を子どもたちにガンガン教え込ませているどこかの国でも、多くの庶民はそんなものとは無関係な原理で生きています。「『教育勅語』を学ばせろ」と叫んでいる政治家の行状をみると、「この政治家自身が道徳的に見て大丈夫か？」と思うこともあります。

ともかく、学校での道徳教育を論じることには、たくさんの、「躓きの石」になりかねない難題があるのです。皆さんにお願いしたいのは、「道徳教育がどうあるべきか」という議論を目にしたときに、そのままうのみにするのではなく、その議論が何をどう前提にしているのかを考えてみてほしい、ということです。世の中にはたくさんの種類の異なる道徳論、道徳教育論があります。一面的で偏ったものもあるし、視野が広く深いものもあります。単純でわかりやすい主張にだまされないように、どうかしっかり見分けていってください。それから、若いうちはつい不道徳なことをカッコいいと思ってしまいがちですが、するなとは言わないけれど、限度をわきまえてほどほどにしてくださいね。

「先生の話をちゃんと聞く」だって道徳的学習になってしまう

学校という場は、「道徳」の時間以外にもさまざまなやり方で道徳的影響を子どもたちに与えています。

まず一つ目として、「道徳」以外のそれぞれの教科の中に、道徳について学ぶ要素が入っています。国語の教材の中に、人生や生き方について考えさせるものが入っているとか、社会科の知識を通して、社会の中での自分の生き方を考える、といったものです。これについては、後で少しだけ触れることにします。

二つ目は、学校でのさまざまな活動の中に、道徳的な要素が意図的に盛り込まれている、といったことがあります。たとえば、登山とか、マラソン大会とか、社会見学とか、修学旅行とか、学校にはいろんな行事があります。それらは、苦しさを乗り越える大切さを味わわせたり、自分の生き方を考えさせたり、社会の仕組みやルールを学ばせたりするねらいが込められていたりします。部活動なんかも、体を鍛えるとかスポーツを楽しむといったレベルを超えて、「自分に打ち克つ心を育む」とか、「努力の重要さを学ぶ」とか、「みんなで協力をすることの大事さを学ぶ」、といった道徳的な意義がよく語られます。また、グループ学習とか調べ学習なんかにも、「助け合いの気持ちを育む」とか、「新しいことにチャレンジする態度を養う」などと、道徳的な教育的意図を込めて論じられることもしばしばです。

三つ目には、教師の側が意図していなくても、子どもたちを学習に向かわせようとする学校のさまざまな制度的な仕掛け（第1章を参照）自体が、子どもたちに、よいか悪いかは別にして、ある道徳的な学習をさせるということがあります。

学校は服従や規律を教え込みます。「先生が話をするときはちゃんと聞きなさい」という学校の暗黙のルールは、「権威ある（とされる）者への服従」を、子どもたちに学習させることになります。家では甘やかされていて王さま（女王さま）のように振る舞ってきた子どもでも、学校では先生の話をじっとして聞くことが求められるわけです。毎日学校に遅刻せずに行くこと自体が、規律正しさや時間厳守の重要さを学ばせられる機会になります。

また、学校は、他者との関係構築を学ばせます。「いつも一緒に勉強する、固定したメンバーの学級」というのは、「親密でもない他人と、一緒の空間でうまくやっていくこと」を学ぶ機会になります。「仲良しのメンバーだけで何かする」というのと違って、好きでも嫌いでもない他者とうまくやっていく態度や作法を学ぶわけです。

さらには、「評価されて成績がつけられる」というのも、道徳的な学習の機会になります。他人が作った評価のものさしで測られた自分の評価が、自分の評価だということを、子どもたちは学びます。「権威ある（とされる）他者から高く評価されることが重要だ」と。

　このように、学校という場は、家庭や地域とは異なる特殊な集団であり、特別な活動や特殊なルールや慣行がたくさん作られていますから、それが子どもたちの道徳的態度の形成に影響を与えます。「学校で普通にやっていく」ということ自体が、子どもたちに「よい振る舞い／よくない振る舞い」についてのさまざまな観念を作っていくわけです。

　さて、四つ目です。学校で子どもたちは、先生の目をすり抜けて、子ども同士の関係を築きます。「仲間集団」ですね。第1章で述べた、「仲間集団による社会化」は、子どもたちの学校生活の中で、道徳的な態度に独自の影響を与えます。友だち同士の約束を平気で破るヤツは嫌われるし、先生の前でだけ「良い子」にしているヤツは軽蔑されます。かっこいいとか、目立ってるとか、面白いとか、学校の先生の評価の基準とは別の基準で、お互いを評価します。学校は、教師の意図やねらいとは無関係な、道徳的社会化の場にもなっているのです。

「善き世界の倫理」の欠落

ここからは、日本の学校の「道徳」の時間の内容について、考えていきます。子どもたちに身につけさせようと国が一律に定めた道徳が、もしも偏っていたり歪んでいたりすると、その教育をやればやるほど、社会全体の長期的な観点からは、マイナスになってしまいかねません。ここでは、文部科学省が発行している『私たちの道徳 中学校』(文部科学省HP)で描かれている道徳像を検討してみましょう。

これをみると、いろんな読み物も入っているし、考えさせるコラムなんかもあるし、それなりに入念な配慮のもとで作られたのを感じます。しかしながら、私は二つの点で「偏っている」と思います。大事な点がすっぽり欠落しているのです。

一つは、「あなたはどう生きるか」という、個人的な生き方やふるまいに関する主題ばかりが大半を占めていて、その結果、社会や世界で起きている複雑な出来事について、きちんと善悪を判断できるようになる、という視点が十分でないと思うのです。

もう少し説明しましょう。同書は、「1　自分を見つめ伸ばして」、「2　人と支え合って」、「3　生命を輝かせて」、「4　社会に生きる一員として」という四つの章から成っていますが、その主題の大半は、「あなたはどのように生きますか？」と問いかけるものです。まず自分を見つめ、そのあと周りの人間関係や生命の大事さを考え、そして「社会の一員」として生きていく生き方を思い描いてみる、という筋立てになっています。子どもたちに身につけさせようとしているのは、「私がどう生きたらいいのか」を道徳的に考えさせようとするものなのです。しかし、そこで欠落してしまうのは、この世界や社会が今どうなっていて、どうなるべきか、という問題を考え、判断していくための道徳的な視点です。

道徳について理論的に考察した倫理学者の安彦一恵さんは、「自己善の倫理 対 善き世界の倫理」という分類軸で、道徳に関するさまざまな議論を整理しています（安彦 二〇一三）。「道徳」の問題には「（あるべき）自己の問題」と、「（あるべき）世界の問題」と、二種類の問題群がある、ということです。後者の問題は、「私がどう生きたらいいのか」ではなく、たとえば、「社会はどうあるべきか」、「組織はどうあるべきか」、「社会や組織に問題があるとき、私たちはどうしたらよいのか」などの主題ですね。しかし、そうした主題は、『私たちの道徳 中学校』ではほとんど出てきません。ひたすら、

「自分の生き方だけ考えろ」というふうなものになってしまっています。

おそらく、「（あるべき）世界の問題について考えるのは、社会科でやれ」ということなのかもしれません。しかしながら、社会科は残念ながら暗記科目のような感じになってしまっているのが現状です。つまり、今の学校教育は、「道徳教育の教科化」とかが進められてきたにもかかわらず、子どもたちが「善き世界の倫理」について考え、判断能力を磨く機会が欠落しているわけです。若者の政治離れとか、公共的な問題に対する無関心などといったことの一因は、そこにあるのかもしれません。道徳を、自分の生き方やごく身近な人たちとの関係の問題として考えているかぎり、世界は良くはなりません。

どうしたらよいのでしょうか。「特別の教科　道徳」の中に、「善き世界の倫理」を考えさせる内容をもっと増やしていってもらうか、あるいは、社会科の先生に、「脱暗記科目」を目指して頑張ってもらうかしかないようにも思います。

ついでに言うと、「自分の生き方を考える」という道徳教育をやっていくと、つい、「他人に迷惑をかけないようにしよう」というふうな道徳教育になってしまいがちです。

しかし、それには大きな問題があると私は思っています。

われわれを含むすべての人が、大なり小なり他の人にお世話になったり迷惑をかけたりしながらでないと生きていけないものなのです。小さい子どものうちは誰かに世話してもらわないとやっていけないし、年をとったり病気になったりしたら、誰かの世話になるしかありません。健康な成人でも、他の人に世話になったり迷惑をかけてしまうことがいろいろあります。だから、「人間はお互いに迷惑をかけ合って生きている」と考えるべきでしょう。だからこそ、社会や組織の仕組みのよりよいあり方を考えられるように教育をしていかないといけません。社会は、相互依存や相互扶助で成り立っているわけですから。

「社会を変える」という視点の弱さ

もう一つ、『私たちの道徳　中学校』が偏っていると思う点は、その社会像が「すでにできあがっている社会に新しい世代が加わっていく」という像である点です。子どもに対する「上から目線」というか、「われわれ年長世代が作り上げた社会に、若い君たちも入れてやるよ」といった感じなのです。

『私たちの道徳 中学校』の第4章の見出しは、先ほど紹介したように「4 社会に生きる一員として」です。ここですでにつまずいています。この本の第2章で述べたように、教育基本法では「国家及び社会の形成者」になってもらう教育が本来のはずでした。その考え方から見ると、「一員として」というのは、ずいぶん受け身的な位置づけです。実際、見出しの直後の内容は、「法や決まりを守り社会で共に生きる」です。「法や決まり」は「守る」ものであって、「作る」とか「変える」とかではないし、当然のことながら、(誰かに働きかけて)「作らせる」「変えさせる」といったもっと高度な要素は見られません。

実際、『私たちの道徳 中学校』の第4章では、さらに、社会の中で与えられた役割をしっかりこなす、という人間像に向けた事項が並んでいます。「つながりをもち住みよい社会に」とか、「役割と責任を自覚し集団生活の向上を」や「勤労や奉仕を通して社会に貢献する」、とか。巻末のほうには、いちおう、「私たちの未来を創るために」という事項がありますが、わずか二ページで、漠然としたことしか書かれていません。全体としていうと、いわば、「社会の中におかしなことがあっても文句を言わないで、あなた自身は誠実にそこで与えられた役割をこなしなさい」というふうな感じの道徳が強調されているのです。「皆さんが大人になったら、どうか皆さんの力で、もっとよりよい社会を作って下さい」というふうな感じではないわけです。

ただでさえ、権威への服従や一律の集団行動などを強調しがちなのが学校です。こんな道徳教育をやっていたら、グレタさんのような行動力のある人を日本の社会は生み出すことができません。え、「グレタさんって誰？」ですか？ 環境活動家のグレタ・エルンマン・トゥーンベリさんですよ。知らないあなたは、いつの間にか日本の狭い道徳教育の罠（わな）にはまっていますよ。もっと目を広い世界に向けて下さい。〈善人をつくる教育〉に終始していたら、〈善い世界〉は実現できません。

3 知識は道徳を広げる

「善き世界の倫理」のための知識

知識と道徳との関係についても、少し考えておきましょう。といっても、「知識をたくさん持つ人は道徳的に立派になる」と言いたいわけではありません。「善き世界の倫理」について考える場合には、適切な知識をうまく使うと、より道徳的に物事を判断できるようになる、というお話です。

「善き世界の倫理」とは、先ほど紹介したように、「社会はどうあるべきか」、「組織はどうあるべきか」、「社会や組織に問題があるとき、私たちはどうしたらよいのか」などの主題に関する道徳的判断のことでしたね。学校で学ぶ知識は、その判断をより豊かなものにしてくれる、と思うのです。

「信頼できる議論」を見分ける

一つは、学校で学ぶ知識は、社会の出来事を正確に理解するための基礎になります。政治の仕組みを学んでいないと、政治的なニュースは単なる権力者間の争いにしか映りません。地球温暖化の問題が深刻になってきている中で、政策A、B、Cのどれを自分が支持したらよいのか、判断ができません。今ある経済格差を許容するのか、それとも是正を目指す政策を支持するのか、判断ができません。

学校で教わる知識は、現代のさまざまな問題を直接扱ったものは多くありませんが、それは仕方がありません。でも、世の中に流れる情報を正確に理解し、自分なりに物事を考えていく上で役に立ちます。学校で教わる知識を基盤にしながら、もっと難しい内容の本を読んだり、情報を集めたりしていくことで、複雑な世の中の微妙な問題について、自分なりの判断ができるようになります。

もちろん、多くの問題についての専門家になれるわけではありません。たくさんの本を何十年も読んできた私は、「教育学の専門家です」と言えるところまではたどりつきましたが、環境問題や貧困問題などでは、ほとんど素人です。しかし、素人なりにいろいろ本を読んだり情報を集めたりしていくことで、きちんとした専門家やまともな見解がどういうものかは、理解できるようになりました。あやしい議論や乱暴な議論と、信頼できる議論とを見分けられるようにはなった、ということです。

共感や想像力のための知識

もう一つには、学校で学ぶ知識は、道徳的な共感や想像力を広げていく上でも役に立ちます。Z・バウマンという社会学者がいます。彼の理論を中島道男さんが興味深い視点から読み解いています（中島 二〇〇九）。道徳が問題になるときの焦点は精神的な「距離」だ、というのです。精神的な距離が遠くなると道徳的無関心が生じる。「バウマンによれば、この距離が大きくなるとともに、他者への責任は縮小し、対象の道徳的次元は鈍り、ついにはそれらが消失点に達し視界から消え去るのである」。ナチスによるユダヤ人の大量虐殺はそうした精神的な距離の遠さによって生じたのだ、とバウマンは述べています。学校で学ぶ知は、この距離を飛び越えた、はるか遠くに思いをはせる視野を与えてくれます。

大学の講義の際に私がたまに話すネタの一つが、「世界に中心はない」ということです。学生の中には、ちょっとビックリする者もいます。でも、「地球儀を見てみろ。われわれが生きる地表の世界に中心なんかないのは、あたりまえだ」と私が言うと、学生たちは、それはそうだ、という顔をします。

私はそのうえで、次のような話をします。人は自分が見えている世界を基点にものを考えるから、世界の中心に自分がいるように、つい思ってしまう。主観的な世界像だ。

それはそれでかまわない。でも、その場合には、別の人には別の中心があるということを理解できないといけない。相手の側から世界を見てみる、ということをしてみてほしい、と。

「私も君たちも、世界の片隅で生きている。人は誰もが世界の片隅で生きているんだよ。片隅で生きる人間が目をこらして世界を理解するためには、いろんな他の人たちの立場や視点に立って、世界を見ようとする努力が必要なんだよ」と私は話をしめくくります。

この点と関わって、マーサ・C・ヌスバウムの『経済成長がすべてか？』（小沢他訳、岩波書店）の議論は啓発的です。この本は、「国益を追求するあまり、諸国家とその教育システムは、デモクラシーの存続に必要な技能（スキル）を無頓着に放棄してい」る、と教育の見直しを求めています。

ソクラテスからルソー、ペスタロッチ、オルコット、タゴールと、デューイ、ウィニコットの議論を参照しながら、人文学と芸術が、批判的思考と共感をつくる上で重要だ、とヌスバウムは説きます。そうした批判的思考や共感は、グローバルな経済活動でも大事だけれど、何よりもグローバルな危機の中での国を超えた広がりを持つデモクラシーにとって不可欠だ、というのです。なるほど。

ヌスバウムは、子どもたちは「少なくともあるひとつのなじみのない文化的伝統について より深く調べる」方法を学ぶべきだ、と論じています。ユダヤ系ドイツ人としてニューヨークに生まれた彼女自身が、小学校五、六年生のときにウルグアイとオーストリアについて、深く調べる宿題を課されたことが有意義であったと書いています。

つまり、知識を持つことは、その対象に対する想像力を発揮させることができるようになるということなのです。そうすると、自分の身の回りに居ない人に対して思い浮かべて、何かを考えたりすることができ、そこには道徳的配慮の可能性が生まれます。

教育を受けなくても、人は身の回りの世界に対しては自然に共感を持つようになるものです。でも、それはあくまでも「世間」の範囲でしかありません。共感の範囲が狭いと、人はその範囲の外側に「敵」や「よそ者」をさがしてしまいがちです。それは、最も不道徳なはずの戦争や差別やテロを呼び込んでしまいます。はるか遠くの地域に住んでいる人々の暮らしや文化に思いをはせたり、未来の社会や世代への責任を考えたりすることができるようになるためには、教育の役割が必要不可欠なのです。

4 「きしむ車輪は油を差してもらえる」

周囲に流されない強さを

一九五八年の学習指導要領の「道徳」には、今の学習指導要領には書かれていないような、なかなか面白いことが書いてあります。

社会生活の中で、人は多くの悪に直面しないわけにはいかない。われわれは誘惑を受ければ、悪に陥りやすい弱さをもち、また、集団の中においては、友情や義理の名のもとに悪に引きずり込まれたり、悪を見のがしたりするものであるが、悪を悪としてはっきりとらえ、勇気をもってこれに臨む強い意志や態度を築くことに努めるとともに、みんなで力を合わせて悪を退けるくふうを続けていこう。

現実の社会には多くの悪があること、われわれはその悪に陥りやすく集団に引きずられがちだから、みんなの力でそれを克服していこう、というのです。別の場所では、

「人はとかく自己のいだく思想や所属する集団の立場からのみ、何が正義であるかを判断しがちであり、そのような考え方から専制や暴力や過激な感情も正当化されやすい」とも書かれています。

目の前の社会に問題があることが率直に書かれていて、特に集団に流されがちな日本の社会を変えていこうという強いメッセージを感じます。そう、この時代の少し前には、日本の国民がみんなで体制に同調して、あの無謀な戦争に突っ走っていったのでした。集団主義とか体制順応主義が体質になってしまっている日本の社会のあり方を、若い世代の力で変えていってほしいということなのです。

ところが、いつの間にか、日本の道徳教育の流れは逆転し、『私たちの道徳 中学校』でみたように、「社会に順応しなさい」というものに変化してきてしまったのです。社会のあり方についてしっかりと考え、「みんなで力を合わせて悪を退け」ていこう、という視点は消えてしまいました。果たしてこれでよいのでしょうか。

私の大嫌いな言葉に、「勝てば官軍」という言葉があります。「負ければ賊軍」です。「正しいかどうか」は、それが勝者になるかどうかで決まる、という言葉ですね。勝つ

／負けると、正しい／不正とは、本来別次元の基準のはずですが、「勝てば官軍」という言葉に示される態度は、「何が正しいのかは、考えないし判断しない（＝勝負の決着を見て決める）」ということです。

同じような意味で、「出る杭は打たれる」とか、「長いものには巻かれろ」といった格言がありますね。これもいやですね。官僚が政治家におもねった事件で、「忖度」という語も、はやりましたね。「空気読め」とかいうのもよく口にされるいやな言葉です。『私たちの道徳 中学校』に盛り込まれた内容で道徳教育をやっていくと、そんな格言やフレーズが人間関係や組織の原理を支配してしまう社会にもなりかねません（というか、すでになってしまっている……）。

日本の人たちにもっと知っておいてほしいと私が思う英語の格言は、「きしむ車輪は油を差してもらえる」（"The squeaking wheel gets the grease."）という格言です。「おかしい」とか「いやだ」と思ったら、はっきり主張していけば、事態は改善されるよ、という意味です。この格言は、私の同僚だった比較教育学の恒吉僚子先生と雑談していたときに、「広田先生の生き方はこんな感じですね」といって教えてもらった格言です。

それからは、この格言を座右の銘にしています。日本の道徳教育で足らないものはこれですね。


安彦一恵 二〇一三『「道徳的である」とはどういうことか――要説・倫理学原論』世界思想社。

ジェイムズ、スコット 二〇一八『進化倫理学入門』児玉聡訳、名古屋大学出版会。

中島道男 二〇〇九『バウマン社会理論の射程――ポストモダニティと倫理――』青弓社。

ヌスバウム、マーサ・C 二〇一三『経済成長がすべてか？――デモクラシーが人文学を必要とする理由――』小沢自然・小野正嗣訳、岩波書店。

ブレツィンカ、ヴォルフガング 二〇〇九『教育目標・教育手段・教育成果――教育科学のシステム化――』小笠原道雄・坂越正樹監訳、玉川大学出版部。

第5章　平等と卓越

原理上の対立

今回は、「平等と卓越」というテーマで話をします。「平等（equality）」とは「差別なく等しく扱う、または等しい状態」ということですね。「卓越（excellence）」のほうはあまりなじみがない言葉かもしれませんが、「優れたものを尊重する」ということです。教育においては、この二つの原理は対立をはらんでいて、理論的にも実際的にもなかなか難しい問題があります。

ここでは、第一に、「公教育理念の中の平等と卓越」を見ていきます。平等を追求するという話と、卓越を追求するという話、制度をどう作るのかという問題です。第二に、「学校教育を単に子どもたちに優劣をつける競争の場だ」という議論をどう見たらよいのかというお話をします。第三に、「家庭環境と教育機会の不平等」という問題です。現実はどうなっているかという、平等の問題と不平等の実態の話として考察します。特に、最近ブームになっている「個別最適化した学び」論を、家庭環境の格差の問題とどう関わらせて考えるべきかを論じたいと思います。

1　公教育の中の平等と卓越

日本国憲法第二十六条

公教育の原理を考えるスタートとして、日本国憲法の第二十六条を紹介します。「すべて国民は、法律の定めるところにより、その能力に応じて、ひとしく教育を受ける権利を有する」と書かれています。この条文は、教育の制度を考えるときに最も基本になることの一つです。

この場合、「能力に応じて」と「ひとしく」の関係をどう考えるかというのは簡単ではありません。みなさん、この条文をじっとながめて考えてみて下さい。

まず、「能力に応じて」の能力とはそもそも何かという疑問が浮かびます。「能力」とはどう定義されるもので、誰がどう判断するのか、それは正当なのかといった疑問が浮かびます。

そもそも試験や面接できちんと「能力」が測られるものなのでしょうか？　入試の得点で誰かと私が一点差なのは、「能力」の差なのでしょうか？　「能力」は原理的にみて正確には測れない、すなわち、恣意的なものさしでしか測れない、という議論があります（広田 二〇一五）。そうだとすると、「能力に応じて」というのは、どういう制度を作っても、実はいい加減なものしかできないということになります。

また、「能力」というとすぐに点数化や序列化の動きとつながってしまいがちなので、この「能力に応じて」の部分を「個々の子どもの発達の必要に応じて」と解釈して、子どものニーズに対応させようという議論もあります。その場合にも、「個々の子どもの発達の必要」を誰がどう判断できるのかという問題を抱えています。

「ひとしく」というのをどう考えるかについても、いろいろな考え方が可能です。単純に「みんなまったく同じように」というふうに考えることもできますし、「（共通の目標をどの子も達成できるように）一人ひとりの子どもの状態に応じて差をつける」という考え方もできます。

いろんな考え方があって、この第二十六条の解釈は多様なのですが、確実なことは、

「能力以外の差別はしてはいけない」ということです。「貧乏人の子どもには教育はいらない」とか、「女に教育は不要だ」というふうな教育上の差別は許されないということです。いや、もっと積極的に、さまざまな事情で教育を受けられない（受けられなかった）人に対して、十分な教育の機会を提供することも、必要な措置になります。

教育は卓越を追求する

「教育は平等に」というのはもっともなことなのですが、話は単純ではありません。そもそも教育というのは、卓越を追求するという本質的性質があります。先ほど述べたように、「優れたものを尊重する」ということです。

知識の習得ということ自体がそれを端的に示しています。習得できた状態が望ましい／習得していない状態はまだ不十分だ、という価値評価をはらんでいます。「理解した／理解できていない」「身についた／身についていない」という区別が、どうしてもなされてしまうことになります。

人格の形成についても同じことがいえます。教育基本法には、目標として、いろんな人格的な価値の徳目が並んでいますが（第二条）、何かが望ましいとすると、望ましいものを身につけたかどうかといった区別ができます。望ましいものを身につけた人／そうではない人、ということになります。個々の児童生徒の人格について評価をするかどうか、選抜の情報としてそれを使うかどうかは大問題ですが、教育するにあたって「よい人格の形成」が目指されることは、避けられそうにありません。

また、最近の学力論の中では、コンピテンシーとか、ジェネリックスキルという議論で、「何々ができる」ということが、学力の要素として語られることが多くなっています。そこでは、「何々ができる」という言い方自体は、「できる」と「できない」があるわけですから、やはりここでも、できるほうが望ましい。

つまり、望ましいものが存在してそこに向けて教育をする、卓越を追求するということが教育の本質として存在しています。平等を基本原理にしながら、同時に卓越も追求していこうとするわけですから、教師の日々の指導は矛盾をはらんだ営みといえるかもしれません。

経済からの要求による教育の分化・序列化

平等と卓越との微妙な関係は、教育組織や学校制度のレベルにおいても、難しい問題をはらんだものになります。

一つには、経済からの要求が、教育の道筋を分化させたものにします。世の中にはたくさんの種類の仕事がありますから、それぞれに向けて学ぶべきものが異なっているわけです。子どもが小さい頃は、「みんなが同じことを学ぶ」でよいわけですが、ある段階以降は、将来の職業や進路に沿って分化した教育が必要になるのです。医者になる人と事務員になる人とは、当然異なった教育を受けることになりますよね。こういうことを身につけた人をこういう職業に、別のこういうことを身につけた人を別のこういう職業にという差異を必要としています。

その際、現実には、より威信の高い職業や所得の高い職業への道と、そうでない道とに分化することになります。「世の中の仕事はみんな横並びで同格だ」と言うことは可能ですけれども、実際の労働市場や報酬の仕組みは非情です。そこには厳然とした序列が存在しています。「何をどこまで学んだか」の差が、威信や報酬に序列がある、仕事の世界の分化につながっているのです。

この点は、職業に直結した知識の有無に関してだけではありません。企業は、卒業証書のランク付けを人員の採用に活用します。企業は、高校を卒業しただけの者よりも大学を卒業した者を優先的に採用するとか、偏差値ランクの高い有名大学の卒業生を採用したがります。第2章で説明した「シグナリング理論」ですね。

こうしたことによって、学歴をめぐる競争が、長い間続いてきています。「学歴社会」といわれる現象です。これは日本だけでなく、世界中で見られる現象です。

ただし、大急ぎでつけ加えておきますが、私は「学歴で人生が決まってしまう」とは考えていません。確かに労働市場は、学歴で分化・序列化されてしまっていますが、どの仕事でも、いったんその仕事に就いてしまえば、その後は学歴よりも実力が重要になるのが普通だからです。

昔、学会発表で、広島大学の原田彰先生たちの興味深い調査報告を聞いたことがありました（原田他 一九九八）。成人を対象にした郵送調査で、（A）「大学出でなければ、いくら実力があり努力しても、決して昇進できないと思う」、（B）「ある特定の大学出でなければいくら実力があり努力しても、昇進には限度がある」といった質問項目が並んでいます。それらに関して、「企業一般」ではどうですかと質問すると「あてはまる」と回答する率が高いのに、「あなたの職場ではどうですか」と尋ねると「あてはまらない」の率が高いのです。（A）の質問でいうと、「あまりあてはまらない」「全くあてはまらない」の率が「企業一般」では五七・三％なのに「あなたの職場」は七九・四％、（B）の質問の場合、「企業一般」では五二・六％なのに、自分の職場では八八・四％でした。多くの人が、企業一般では学歴重視の人事がなされていると思うけれど、自分の職場は違っている、と答えているのです。

確かに高い学歴をもっている者は大企業や官庁に入る率が高く、低学歴の者はそうではないのだけれども、それぞれが仕事をやっていく中では、学歴がどうだというのはあまり関係がないということです。同じ職場で「同期」として採用された者は、お互いにさほど差があるわけではありませんよね。入社してからが勝負です。私は教えている学生たちに、「学歴が有効なのは就職活動のときの一瞬だけだ。それを過ぎたら、人生の中で問われ続けるのは、いろいろなことをうまくやれるかどうかという実力だよ。大学で学んでいる間に力を蓄えなさい」と言うようにしています。

教育効率という論理からの分化・序列化

もう一つは、教育する側の都合で、能力による差異化を求めることもあります。「教育効率」と言ってもいいと思います。たとえば、何かをしようとしたときに、既に共通に何かを学んでいることを前提にして教育をします。「こういう教育をしたいから、こういうことを身につけた人だけ来てください。身につけていない人は、申し訳ないけど、この教育を受けても無理ですから」と断わるということがあります。何でもかんでも、誰にでも教えますというふうにはなかなかいきません。そういう部分があります。

その考え方の延長線上で、同じ程度の学力を持った子どもを集めることで、同じような学習のプロセスをたどらせて授業の展開をスムーズにしようというやり方もあります。「習熟度別学級編成」なんかがそういうものだし、偏差値ランキングで層化された高校の入学者選抜なんかもそういう例です。

この教育効率の観点からどこまでの分化が許容されるのかは、難しい問題です。大正時代の小学校では、児童を学力別に分けて「優組／劣組」という名をつけていたところがありました。露骨ですねぇ。「劣組」に入らされた子どもは、それだけで自尊心が傷ついたのではないでしょうかね。高校入試や大学入試でも、偏差値ランキングにいやな思い出がある人は多いと思います。

分化させるという考え方には、早い段階でよくできる子だけを集めて、特別な教育をやろうという議論もあります。「エリート教育論」ですね。早期選抜と特別に質の高い教育の提供という組み合わせです。「国家や社会のために優れた人材を育成したい」といった素朴な善意が背景にあったりします。しかし、そうした早期選抜は社会階層間の不平等をそのまま反映してしまうだけでなく、その「特別な学校」の子どもたちが進学や就職のチャンスを独り占めしてしまうことになれば、他の「普通の子どもたち」の成功のチャンスを奪うことになったりもします。「教育機会の平等」を保障できなくなってしまうのです。

私が教育学の勉強を始めた一九八〇年頃、英国の義務教育段階の子どもの約七％が、特別な教育を提供する私立学校に行っていて、彼らがオックスフォード大学やケンブリッジ大学に進学する学生の大半を占めているといった文献を読んで、「さすが英国は階級社会だな。金持ちと貧乏人とは義務教育段階で早くから差がついているんだ」と思いました。当時、日本では、中学校の卒業生のうち、私立中学の卒業生は全体の約三%にとどまっていました。ところが、気がつくと、二〇二〇年度の数字は七・一%になりました（学校基本調査による）。「日本も義務教育段階で私立学校に行かないと、有名大学には入れないという社会になりつつあるんじゃないか」、と私は心配しています。まだ大丈夫でしょうかね。

2　みんなにとって有益な教育

学校教育は単なる競争の場なのか

二番目の話に入ります。「教育が卓越を追求する」というふうにいうと、「できる／できない」という序列が生まれることになります。そこから、「学校教育は単に子どもたちに優劣をつける競争の場にすぎない」という、さめた議論が生まれてきます。そういう議論をどう考えるかというお話をします。

高校や大学が偏差値で序列化されてしまうと、「少しでもランクの高い学校に進学すること」が自己目的になってしまいがちです。生徒だけでなく、教師の側もうっかりすると、その価値観にすっかり毒されてしまいます。

そこから生じるのは、「学校は単に頭の良さを競う競争の場だ」とか、「学校で学ぶものは入試でしか役立たない」とか、「入試に関係ないものは学ぶ価値がない」といった考え方です。読者の皆さんも、ふだん、そんな思いを持って学校生活を過ごしてきていませんか。

第3章で、「学校知はより広い世界への通路である」というお話をしましたね。ここでは、それを少し異なる角度から論じ直してみたいと思います。

表5－1は、学校で学ぶ知がもつ意義を整理してみたものです。

まず、「教育⇓経済①」の行を説明します。「学校は単に頭の良さを競う競争の場にすぎない」という見方は、「学歴や学業成績を、頭の善し悪しを序列化してくれている情報として使う」という、経済（企業）の側の行動に対応した見方だといえます。入試や就職の際の選抜の情報（シグナル）として、学歴や学業成績が使われます。シグナリン

教育の意義	教育の主題	価値の性格	社会にとっての意味
教育⇒経済①	シグナル	交換価値	競争、排除、ゼロサムゲーム
教育⇒経済②	生産性の増大	交換価値かつ使用価値	競争、排除、入職はゼロサム、成果はプラスサムで再配分の原資に（政治の問題とつながる）
教育⇒政治	民主的市民の育成	使用価値	賢明な世論、民主主義の質の面でプラスサム
教育⇒文化	文化の享受や創造	使用価値	意味のある人生、コミュニケーションの質の面などでプラスサム

表5－1　学校で学ぶ知の意義

グ理論ですね。

その見方をすると、教育で学ぶものの中身は実質的な意味を持ちません。「誰が優秀で、誰がそうでないか」さえ判別できればよいからです。入試や就活がすんだら、学んだことの中身はもうどうでもよくなります。選抜で有利に使えることをここでは「交換価値」と呼んでおきます。学校で学ぶ知を単なる「選抜のためのシグナル」ととらえてしまうと、選抜場面では意味があるけれども、学んだ知の使用価値は問われないわけです。

教育をこのようにみると、教育は単なる競争や排除の場でしかない、ということになります。また、競争は他人との相対的な位置をめぐるものになりますから、自分が頑張ってよい点を取っても、他の人がもっと頑張ったら、自分の評価は下がってしまいます。そういう状態は、ゲーム理論の言葉で、「ゼロサムゲーム」と呼ばれるものです。「ゼロサム」とは参加者全員の損得をすべて足し合わせるとゼロになる、という意味です。

確かに教育にはそういう側面があります。入試であれ就活であれ、「選抜する／される」という関係の中では、学歴や点数や成績だけが問題にされることが少なくないからです。

しかし、学校で学ぶ知がもつ意義はもっと広いものです。表5－1の二行目からは、教育の別の側面が挙げてあります。

人的資本を高めることは社会全体にとって有益

「教育⇓経済②」の行は、教育と経済との結びつきの別の側面を表しています。「教育は個人の労働生産性を高める」という側面です。第2章で「人的資本論」の見方について軽く触れましたが、それにあたります。

この場合、学歴や点数や成績は「学んだものの中身」を表示することになります。人的資本論のように、学歴や点数や成績が労働生産性を示していると見なすならば、学んだことを仕事で使う・使えることが想定されています。だから、学んだものは単に選抜場面で使われるだけでなく、その後の仕事の中で実質的に使える、すなわち「使用価値」があるといえます。

人的資本の観点から教育をみたときには、進学や就職は他の人との相対的な位置をめぐる「椅子取りゲーム」になりますから、この場合も、競争や排除が生じるし、誰かが受かれば別の誰かが落ちる「ゼロサムゲーム」になります。

しかし、「人的資本」を高めることは、長期的に見れば社会にとって有益です。一人ひとりの労働生産性が高まることは、より多くの富を生産することになりますから、みんなが教育を受けない状態よりも、より多くの所得や税収を社会にもたらすことになります（これを「プラスサム」〈＝参加者全員の損得を合計するとプラスになる〉と呼んでおきます）。国の富が増えれば、政府が公共的な目的に使えるお金が増えるので、保育や福祉のようなサービスも充実するし、恵まれない人への再配分の強化も可能になります。

つまり、人的資本の観点で教育を見ると、進学や就職は単なる競争にすぎないけれども、一人ひとりの労働の質が向上するから、結果的に社会全体がより多くの富を享受することができるわけです。

みんなが政治的教養・文化的教養を持つと、いいことがある

しかし、経済がすべてではありません。

表5－1の「教育⇒政治」の行は、教育と政治との結びつきの側面を表しています。学校教育が民主主義社会の担い手を育成するという側面です。社会の仕組みや世界の歴史を学んだりすることは、その後の人生の中で、いろいろな判断をするときに役立ちますよね。理科の知識が環境問題を理解するときに役に立つかもしれません。入試科目として選択しなかった科目の知識の場合でも、選抜に使わないから無意味なわけではなくて、そのような実質的な使用価値があるわけです。

民主主義社会というのは、誰もがみんな共通に政治的な主権者です。だから、自分一人だけが十分な知識と賢明な判断能力を持っていても、それではダメですよね。周りの人がおかしな宣伝にのせられてしまったりすると、社会が愚かな決定をすることになり

ます。あなた一人が「それはダメだー」と叫んでも、どうにもなりません。民主主義は「みんなで決める社会」ですから、できるだけたくさんの人が十分な知識と賢明な判断能力を持ってくれないと、選挙の投票とか大衆運動とかが、危なっかしい方向に向かって行ってしまいます。それゆえ、あらゆる国民がひとしく高い政治的教養を持つことが、社会全体にとって最も望ましい状態だといえます。

「教育⇒文化」の行も同じです。これは、教育と文化との結びつきの側面を表しています。音楽や芸術であれ、歴史や文学であれ、学校では人間社会が作り出してきた幅広い文化を学びます。入試科目として選択しなかった科目の知識の場合でも、それらは皆さんの人生を豊かにしてくれる基礎になります。あらゆる文化の全部がカリキュラムに入っているわけではありませんが、代表的なジャンルのエッセンスには触れることができます。人はさらなる学習や経験をしていくことで、自らを文化の享受者・創作者にしていくことが可能です。文学作品を読んだり絵画展を見に行ったりするような文化の享受や、楽器を演奏したり絵を描いたりするような文化の創造は、自分の人生に意味や彩りを与えてくれるものです。

ここでも、「自分一人だけ高尚な文化に通じている」という状態だとしたら、それはまずい状態です。「ふふ、周りの奴らはこれの値打ちがわからないんだ」と一人でほくそ笑んでいたりしたら、高いプライドを持てるかもしれませんが、周囲に話し相手も理解者もいないから、淋しいしつまらないものです。一緒に何かの文化を愉しんだり話題にしたりできる仲間が周囲にいると、人生は豊穣なものになります。

「今はインターネットで、『同好の士』を探せるから、別に周囲に話し相手も理解者もいなくたっていいよ」と言う人がいるかもしれません。確かに、現代は情報技術の革新によって、ずいぶん状況が変化しました。しかし、自分が住んでいる地域に一定の「同好の士」がいるからこそ、演奏会や展覧会が地元で開催できるのです。スポーツなんかもそうですよね。周りの多くの人がその文化を好むという「文化の厚み」があれば、ふだんの日常生活が文化的に恵まれた状況になるわけです。

すべての子どもに質の高い教育を

少しまとめをしましょう。経済と教育との結びつきの面からみると、教育は入試や就職の際に人を評価し序列化する道具として使われ、そのことが子どもたちに競争を強いるものになっています。その結果、シグナリング理論のように、学ぶものの中身自体に価値が見出せないように映ってしまいます。この章の表現を使うと、「ただひたすら他者に対する競争を目指すだけ」のように思われるかもしれません。この文脈では、「卓越」は単に「他者に対する優位」を意味するものになります。

しかし、もう一方で、学校で学ぶ知は、仕事の中でも役立って、社会の富を増やします。また、健全な民主主義の基礎にもなり、豊かな文化をみんなで享受する基盤にもなるのです。この観点からみると、すべての子どもが高い質の教育を受けることが、社会全体にとって有益だといえるでしょう。この文脈では、「卓越」とは「人類が作り上げてきたよりすぐれた知的財産」のことを意味しています。

「卓越」の意味を後者のように考えると、「平等」との間で矛盾は生じません。「人類が作り上げてきたよりすぐれた知的財産」をすべての子どもにできる限り多く学ばせるというのが、学校教育として望ましいことになります。そのためには、すべての子どもに質の高い教育を与えるべきだということになります。

つまり、「教育と経済」という視点で見ると、平等と卓越とは相対立しているけれど、「教育と政治」「教育と文化」という視点で見ると、平等と卓越とは矛盾しない、ということです。後者の次元では、すべての子どもたちにできるだけ優れたものを提供する教育が、社会によって有益だ、ということになります。

教育を受ける側の子どもたちは、何をなぜ勉強するのかよくわかっていないから、「受験に役立たないから○○には意味がない」とか、「入試がすんだら学んだことを全部忘れていいだろう」というふうに考えてしまいがちです。しかし、それは違います。学校で学んだことを、経済や政治や文化の諸領域で、活かしていってこそ、よい人生、よい社会になっていくはずです。

もちろん学校で学ぶことは「知るべきこと・考えるべきこと」のための基礎的な材料にすぎません。人生の初期に限られた年数で学べることは、必ずしも多くはありません。「生涯学習社会」という言葉がありますが、学校を卒業した後、さらなる学習や新たな経験をしていく中で、学校で学んだ知を足場にして、さらに何かを深めたり、実際に使ってみたりすることが、もっと活発になされればいいと私は思います。吉見俊哉さんが

「一人の人生のうちに三回、大学で学ぶ社会を」と提言されています（吉見、二〇一一）。若いときに学び、人生の途中で学び、リタイアしたあと学ぶ、そういう社会になってほしいというのです。なるほど、賛成です。

3　家庭環境と教育機会の不平等

家庭環境はどれくらい影響するか

三つ目のトピックに行きます。今度は、現実に存在している不平等問題です。平等を追求する価値がありながら、実際には教育制度は分化しています。そうすると、より良いポジションに進む子どもたちと、そうではない子どもたちが出てきます。

ここでは、家庭環境による不平等の問題を説明します。図にすると、こういうことです（次頁の図5－1）。一般には、高い学力を持った子どもが高い学歴を手に入れる、教育達成をする、学力によって学歴が決まり、その学歴が就職先を左右するという、「B」と「D」の回路が世の中では関心を集めていますが、実際には、家庭などの環境は、学力や学習態度に大きな影響を与えています。

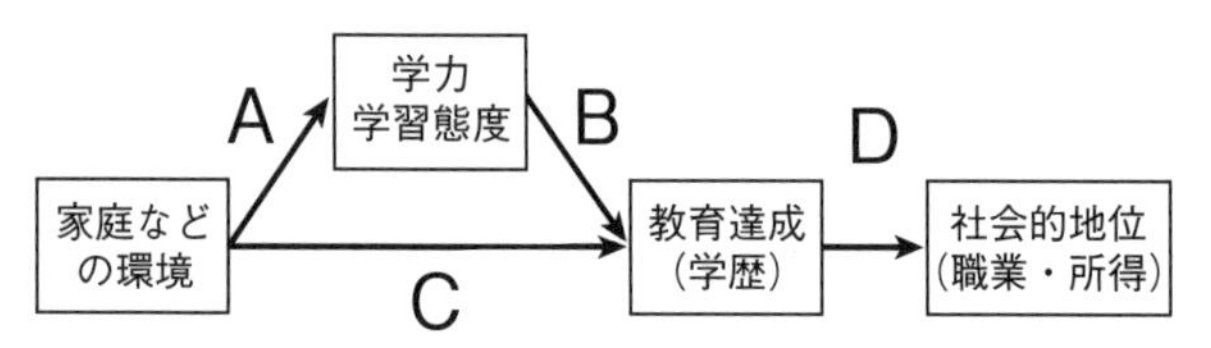

図５－１　家庭環境と教育機会の不平等

経済的、文化的に豊かな家の子どもは、高い学力を身につけやすいことは、よく知られています。家庭環境が学習態度や学力をかなり左右しています。図の「Ａ」の部分ですね。また、家庭などの環境、特に経済的環境が、直接、進学するか否かといった選択に大きな影響を与えています。「Ｃ」の部分ですね。「Ｂ」だけを見ていると、平等に競争しているようですが、実は「Ａ」や「Ｃ」が働いて、個人のチャンスに大きな差がついていることが確認できます。

学歴によって職業や所得が決まっていく率が高いとすると、「Ａ」や「Ｃ」がどの程度影響しているかという問題が、主として教育社会学者を中心に研究されてきました。教育機会の不平等及び職業機会の不平等の問題として、たくさんの本や論文があります。興味を持った人は、松岡亮二さんの『教育格差——階層・地域・学歴』（ちくま新書）あたりを読んでみてください。

家庭環境が学力を左右してしまうという「Ａ」の部分の問題は、

残念ながら、なかなかうまい解決策がありません。家庭環境の差が学力の差に及ぼす影響は多面的で、かつプライベートな生活の仕方の次元が深く関わっているため、「家庭環境を完全な平等に」というわけにはいかないからです。個別の家庭に入り込んで、「家庭環境の格差是正の指導のため、市役所から参りました。まず、お宅はテレビで子どもにお笑い番組ばかり見せているようですが、毎日ニュースを見せて、週に少なくとも三回は教養が高まるドキュメンタリーか講座番組を見せてください。次に、家族での外出についてですが、ホームセンターや遊園地にばかり行ってるようですが、子どもが歴史について触れるために、神社仏閣とか古戦場とかに出かけてください。……」てなことになったら、いやな社会になりますよね。

家庭環境の不利な子どもたちに特に配慮した学校づくりをすることは可能です。全国のあちこちに、そういう地味な努力をしっかりやっている学校があります。私の学生時代からの友人で教育社会学者の志水宏吉さんを中心としたグループは、不利な家庭環境に置かれた子どもたちの学力をうまく伸ばしている学校を見つけて、その学校の取り組み方の特徴を分析して、学校ができることについてのヒントを得ようとする研究を進めてきています。「効果のある学校」研究がそれです（志水 二〇二〇など）。

ただし、そのような、不利な家庭環境に置かれた子どもたちに手厚いサポートを行うためには、今よりももっとたくさんの教職員が必要です。「誰も見捨てない教育」を理念に掲げてしっかり実践してきた学校をフィールドワークで調査した西徳宏さんは、「（帰宅時間が）23時台が平均で、最悪の時は24時越えるみたいな」という教員の言葉を拾っています（西 二〇一八）。この本を読んで下さっている教育行政関係の方、教職員の思いきった増員をお願いします！

また、家庭環境が直接子どもの進学機会を左右する問題（C）は、最も大きい要因が「お金がない」ということですから、明らかに有効な解決策はあります。しっかりとお金を出してあげることです。十分な額の給付型奨学金と授業料等の無償化とがあれば、お金の心配の問題の多くは解消することになります。

ただし、これには巨額のお金がかかります。国民が納めた税金を使って措置することになりますから、慎重論や反対も根強くあり、まだまだ充実したものにはなっていません。「進学を断念させてしまうような、個人が背負っている経済的に不利な条件は、社会が手助けしてあげないといけない」という考え方がまだ十分広がっていないから、「ずるい」とか「余計なことだ」という声が出てしまうんですね。

それでもようやく、奨学金制度は次第に拡充されてきていて、今では大学生の半分ぐらいは受給するようになってきています。授業料等の無償化（減免）は、住民税非課税世帯及びそれに準ずる世帯の学生を対象にして、二〇二〇年度から国の施策として開始されました。画期的な施策です。

しかし、いまの奨学金制度は、返還義務がある貸与制が大半なので、真に奨学金が必要な人たちでも、将来に不安を持つ人は申請に及び腰になっているという問題もあります。貸与や給付の額も不十分で、結局アルバイトに追われる学生生活になってしまうという問題もあります。授業料の無償化も、まだ対象を拡充していく必要がありそうです。

確実なのは、進学機会をめぐる競争は公正で平等なものではないということです。「用意ドン」で同じスタートラインから走るような競争ではありません。単に受験機会が誰にでも開かれているから平等だというわけではないのです。二〇一〇年代には、「子どもの貧困」問題がクローズアップされるようになりました。生育環境の格差の問題は、依然としてわれわれが取り組み続けないといけない重大な課題です。

家庭環境の格差を全くなくしてしまうことは無理ですが、生活面・教育面で格差を小さくすることは可能です。そのためには、不利な家庭環境にある子どもへの恒常的で手厚い支援が、平等への実質的な条件になります。貧困などの困難を抱えた家庭で育つ子どもには、手厚い生活上の支援ときめ細かい学習上の支援を行うことで、完全な平等化は無理だとしても、格差を小さくすることはできます。「その能力に応じて、ひとしく教育を受ける権利」という憲法の条文の意味は、このような政策を求めているのです。

「個別最適化した学び」論

「能力に応じて、ひとしく」というとき、気になるのが、最近にわかに流行している「個別最適化した学び」論です。これをどう考えるかというお話をしておきます。

二〇一八年ぐらいから教育行政の議論に登場してきたのが、「個別最適化した学びを実現していく」ということです。びっくりしました。教育学者は、「個性尊重」とか「個を大事にする」といった語は使っても、「個別最適」という言葉をこれまであまり使いませんでした。私は、今でも使うのは嫌です。しかし、それが教育行政の議論で出てきて、いつの間にかだんだん広がっていっています。

そこには三つの系譜があります。第一に、一人ひとりの子どもを大事にしようというリベラルな教育論の発想です。一人ひとりの子どもにちゃんと手を掛けようとしたときに、個別化という話が出てきます。

第二に、自由競争的な教育論です。一人ひとりが自分の好みで選択をするとか、そのうえで競争すればいいという、市場の中で自分で何かを選択していくようなイメージの教育論の系譜があります。

第三に、次章で論じる、AI技術の発展です。それが教育分野に導入されるようになってきました。コンテンツを形成するとか、アプリを作るという話になって、個別最適化の議論のベースを作っています。

この三つが、個別最適化した学び論を作っている流れになります。そこでは、一人ひとりに合わせたカリキュラムとか、一人ひとりに合わせた教材で個別最適化した学習をさせるというふうに、学校や教育を変えていきましょうという議論になります。

皆さんは、これをどう考えますか。良さそうに見えるかもしれませんが、実は大きな問題があります。一つには、みんなで一緒に共同で学ぶことそれ自体の意義が失われかねないということです。学習の孤立化です。隣に座っている子とまったく別のことを学んでいったとしたら、お互いに学習の中身を介して結びつく契機がありません。子どもたちがバラバラになってしまう、ということになります。きっといろいろな教育学者が、これを気にしていると思います。

私がお話ししたいのは、もう一つの危惧です。どの子も自分の学力に見合った学習ができるということが語られますが、家庭環境の差の影響を増幅させることになります。簡単なモデルで言うと、スタート時点ではわずかな差だったのが、一人ひとりに合わせた教材、カリキュラムを作っていくと、結果的には、ゆっくり進む子どもはゆっくり、速く進む子どもは速くという形でどんどん広がっていくだろうと思うのです。

スタート時点での学力は、家庭環境の差の影響がとても大きいです。小学校に入るまでに既にいろんなものを読んだり、親と一緒に勉強して学んでいる子どもや、小学校に入るまで文字の読み書きに全く触れなかった子どもなど、家庭環境の差の影響が非常に

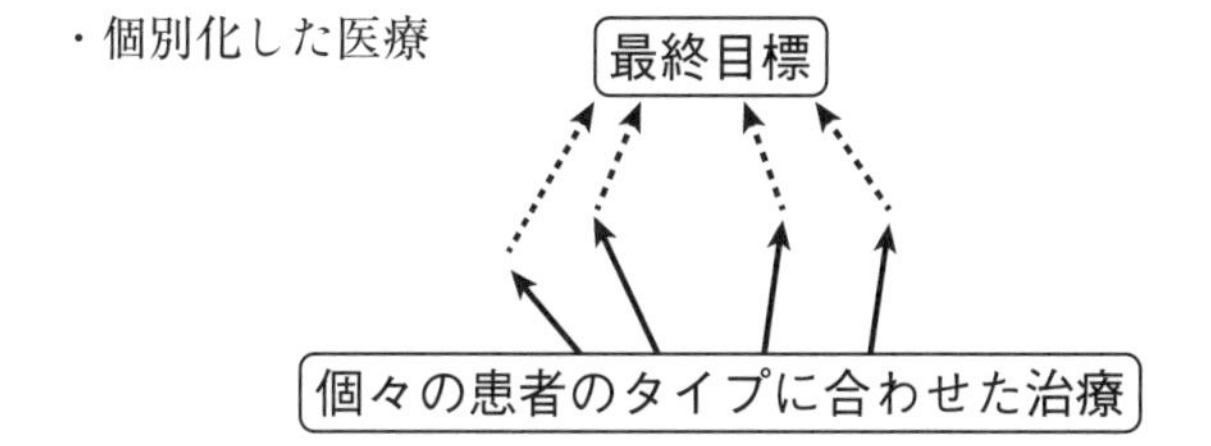

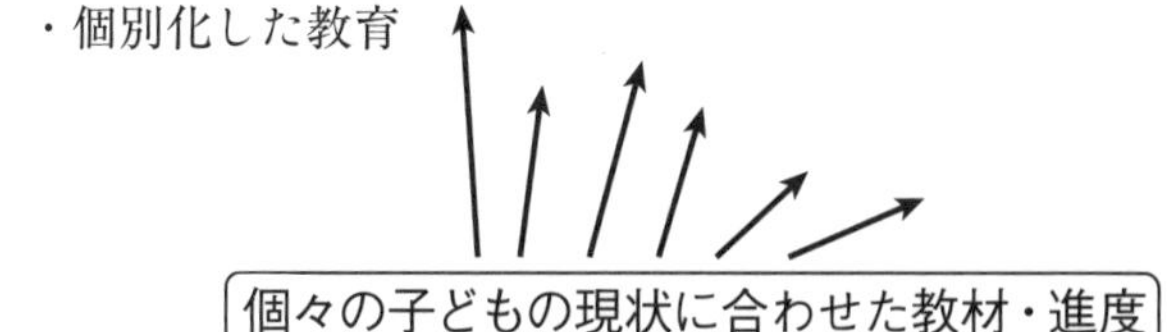

図5－2　「個別最適化した学び」論をどう考えるか

大きく、それがどんどん増幅していきます。

原理的にどうなるかというと、医療や福祉と比べてみれば、よく分かります。個別最適化というのは、医療の分野で先に議論されていって、それが教育にも持ち込まれました。個別最適化した医療、あるいは個別最適化した介護というのは、究極のゴール（目標）は一つに収斂（しゅうれん）しているものです。

図5－2で言うと、患者の遺伝子や蛋白（たんぱく）などのタイプを調べて、一人ひとりのタイプに合わせた治療の仕方が選択されます。たとえば、個人のＤＮＡの状況に合わせた特別な薬ですね。「遺伝子変異がこのタイプのガンに効くのはこの薬だ」というふうになります。

今まで「〇〇ガン」と総称されて扱われていたものをもっと細分化して、最適な治療法や最適な薬を見つけ出そうとしているのです。しかし、この場合、疾病（しっぺい）を治療して健康を回復することが、どういう患者であれ、共通のゴールになっています。

福祉も同じです。体が不自由な人、認知症の人など、それぞれ状況が違う中で、それぞれに適した介護の仕方をします。当人の状態や生活の環境によって、ニーズが異なる。それぞれに応じたやり方を採用しようというわけです。しかし、この場合にも、快適で人間らしい生活を誰もが送れるようにするというゴールは共通です。つまり医療や介護は、スタートは違っても、ゴールは一つなのです。

ところが、教育の個別最適化は、ゴールが拡散しています。すなわち、個々の子どもがたどり着く先はまちまちなのです。一人ひとりに適した学びの場合には、ずっと行った先に、非常に高度なことを学習して、社会に出ていく子どもと、そうではなくて、本当に初歩的なことを何度も反復学習をして、社会に出ていく子どもがいます。待っている先は、別々の職業世界です。そうすると、ゴールが拡散してしまうわけです。

それゆえ、教育で「個別最適化」を追求していくと、差異化の増大ということ自体が善になります。医療や福祉は、最終的に誰もが共通の目標を実現しようという話になりますが、教育の場合は、別々の学習をして、別々のものを追求する人間になりましょうという話になってしまうのです。

「指導の個別化」と「学習の個性化」を上手に組織した教育実践が、学力の格差を縮小させることに成功している事例はないわけではありません（森 二〇一二）。しかし、これまでの議論をながめるかぎり、学習の個別化によって生じる機会の差に対してどう考えるのかということに対する配慮が、個別最適化した学び論には欠けています。つまり、機会の不平等をシステムで構造的に作り出してしまうことになる。個別分化した学習のシステム自体が、機会の不平等を増幅させて、しかも、それに誰も反論できなくなるという問題をはらんでいます。いずれ、教育社会学者が問題提起をすることになると思いますが、皆さんにはいち早く問題点を指摘した話をしました。

志水宏吉 二〇二〇『学力格差を克服する』ちくま新書。

西徳宏　二〇一八「教員の職業的社会化過程で成員間に生じるコンフリクトに関する分析――正統的周辺参加論の枠組みから――」『教育社会学研究』第一〇二集、日本教育社会学会。
原田彰他　一九九八「学歴意識に関する調査研究（2）」（日本教育社会学会第五〇回大会報告）。
広田照幸　二〇一五『教育は何をなすべきか――能力・職業・市民――』岩波書店。
松岡亮二　二〇一九『教育格差――階層・地域・学歴――』ちくま新書。
森直人　二〇一一「個性化教育の可能性――愛知県東浦町の教育実践の系譜から」宮寺晃夫編『再検討　教育機会の平等』岩波書店。
吉見俊哉　二〇一一『大学とは何か』岩波新書。

第6章　人間とAI

この章では、ちょっとSF的な話にもなりかねませんが、教育の未来を考えるということで、「人間とAI」という主題で話をします。AIというのは、「アーティフィシャル・インテリジェンス（artificial intelligence）」、人工知能です。汎用的な知性を持ち、自律的な学習や判断を行う、いわゆる「強いAI」だけをAIと呼ぶなら、まだAIは存在しません。今はまだ「高速計算機」でしかないのですね。だから、正確に言うと、AIを目指した関連技術の発展が進んでいるのが今の時代だということになります。今後もさらに進んで行くであろうAI関連技術をここでは単にAIと呼んでおきます。

AIによる社会の変化は、今の子どもたちの人生を直撃する

さて、今の技術開発がさらに進んでいくと、人工知能（AI）の知性（性能）が全人類の知性を超えてしまう地点、シンギュラリティ（技術的特異点）に到達するのが二〇

四五年頃ではないかという議論があります。百年たっても無理だという見方もあるので、本当にそうなるかどうかはわかりません。しかし、ここで注目したいのは、「二〇四五年」という予測がそれなりの説得力をもっているという点です。技術開発のスピードは、それほど速いのです。技術革新自体はおそらく不可逆なので、ＡＩやビッグデータは今後の社会を確実に大きく変えることになるでしょう。

二〇四五年というと、はるか先の未来の話のように聞こえるけれども、そんなことはありません。本書が刊行される二〇二二年からいうとわずか二三年後です。二〇四五年に読者の皆さんは何歳になっていますか。そのとき皆さんは、どんな暮らしをしていると思いますか。――そう、ＡＩ技術が生み出す社会の変化の衝撃は、今の子どもや若者たちの世代の人生を直撃する課題なんです。教育に携わる人は、このことをもっと意識する必要があります。

今の子どもたちは否応なしに、より発展したＡＩ技術が生み出す、さまざまな大きな社会的変動の中に巻き込まれて生きていくことになるのです。だから、教育に関心を持つ人は、今のうちに「人間とＡＩ」について、考えていく必要があると思うのです。

AIが影響を与える分野

ここに挙げたのは（次頁図6－1）、二〇一七年に内閣府の未来投資会議という戦略的な会議に内閣府の事務局が出した資料の中の図です。これからのイノベーションをどうやっていくのか、それを社会の変化とどう結び付けていくのか、それのトータルな見取り図です。

真ん中に、「革新的サイバー空間基盤技術」というのがあります。「サイバー空間」というのは、コンピュータのネットワークのように、多数の人が利用できる仮想空間のことを意味しています。その基盤技術として、「AI」、「IoT（Internet of Things）」、「ビッグデータ」が並んでいます。IoTというのは、あらゆるものに電子タグを貼り付けて、そこから情報を集め、ビッグデータにデータを上げていこうというものです。すべての自転車に電子タグをつければ、今それぞれの自転車がどこを走っているのか、どこに置かれているのか、リアルタイムで情報が集められますよね。そんな感じです。これらが基盤技術の中心部分です。

その下に「革新的フィジカル空間基盤技術」があります。サイバー空間を支える物理

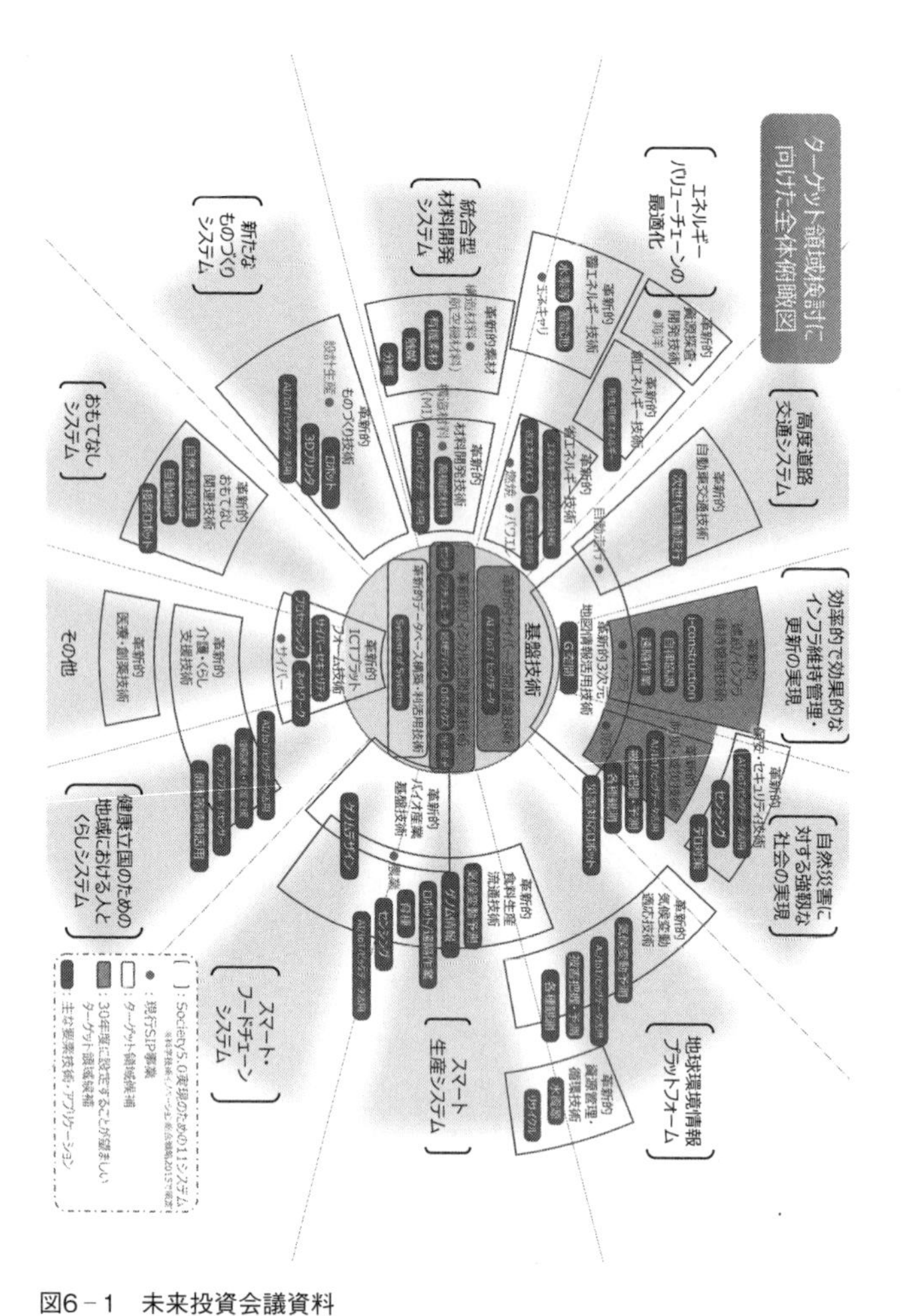

図6－1　未来投資会議資料
(http://www.kantei.go.jp/jp/singi/keizaisaisei/miraitoshikaigi/innovation_dai4/siryou2.pdf)

的・工学的な技術です。

それらの基盤技術から周囲に波及する形で、さまざまな領域での技術革新の構想が並べられています。右側から見ると、「革新的バイオ産業基盤技術」、「革新的食料生産流通技術」、「革新的気候変動適応技術」、図の上に行くと、……、いや、もうやめましょう。みなさんのほうで、全体をぐるっとながめてみてください。地球環境の問題やエネルギーから、介護や「おもてなし」まで、実にたくさんの分野が、技術革新の対象になっていくのだということを理解していただければよいでしょう。AIやビッグデータが基盤になって、社会のあり方が根本から変わっていくだろうということです。

技術革新は教育方法・内容を変える

AIに関連した技術の進歩ということを教育と結びつけた最近の議論の多くは、教育方法や教育内容の改善に関わるものが多いような気がします。電子黒板、電子教科書とか、子ども一人ひとりへのタブレットの配付とか、子どもが学習するための面白いアプリやコンテンツの開発とか。ゲーム感覚で取り組める国語の教材や、自分の苦手な部分をしっかり選び出してくれる算数の教材などが続々と開発されてきています。うちの学生が「これ、すごいですよ。いずれ学校の先生は要らなくなりますよ！」と喜んで言うから、「君は何になりたいんだっけ」と問うと、「……教員採用試験を受けます」と。

新型コロナウイルスの感染拡大問題が登場してからは、オンラインでの動画配信とか、オンデマンド型の授業とかにも関心が集まっています。通信教育の課程でしかやっていなかったような授業を、今や全国の大学がやるようになりました。かくいう私も遠隔授業のために動画の教材を作ってみました。ただし、自分が話している映像を見て、「う う、もっと上手にしゃべれよ」と落ち込みました。自分が映っているあの映像を思い出すと、またまた気が滅入ります。

いや、気を取り直して先に進めましょう。ＡＩに関連した技術の進歩が、学校の授業のあり方を変えていくことは、おそらく確実です。これまでも技術の進歩は、学習の仕方や教育の仕方を変化させてきました。日本教育史の泰斗だった佐藤秀夫先生が、昔、『ノートや鉛筆が学校を変えた』というタイトルの面白い本を書かれました。ノートや鉛筆が大正時代に普及して、子どもたちの学習のあり方を根本から変えたのです。

同様に、昭和の戦前・戦後の時期に普及したガリ版（正式には謄写版といいます）は、教える側のやり方を大きく変えました。ガリ版というのは、若い世代の人は見たことがないと思いますが、ロウを塗った紙に鉄筆を使って書く（ロウを削る）ことで、ロウが削られた部分からインクをしみ出させることで文字や絵を印刷できる印刷の方法です。このガリ版が普及したので、教師が自作のプリントを使って授業をしたり、学級文集や学級通信を印刷したりすることができるようになったのです。それによって、指導のやり方が大きく進歩しました。さらに、昭和の終わりごろからは、コピー機が普及したり、ワープロが普及したりして、それらもまた、教育の場を変えてきました。

もう一方で、「この技術革新が教育を根本から変える！」と騒がれたものが、案外普及・定着しなかったということもあります。ラジオやテレビの出現、テープレコーダーの発明などは、それぞれの時代には大きく騒がれましたが、実際には大きな影響は与えませんでした。視聴覚教室にはいつもカギがかかっていて、教室におかれていたテレビはチョークの粉をかぶったまま、という思い出がある人は多いと思います。技術革新の中には、日常の教育の中に定着していかないものもあったのです。

今、たくさん開発されているアプリや教材は、率直にいうと、その大半は定着しないまま消えていくのではないかと私は思っています。勉強好きの子にはいいけれど、そうでない子には効果が薄いとか、あるいはその逆とか。教師がどう使えばよいのかという点でも難しさがあります。

しかし、使い勝手がよくて効果が高いものの中には定着していくものがあり、さらに工夫された新しいものも開発され続けていくでしょう。それにつれて、長期的には教師の教え方も、子どもの学習の仕方も変化していくだろうと思います。

だから、教師が黒板に大事なことを板書し、子どもたちがそれをノートに書き写すという、これまでの授業の基本スタイルが過去のものになっていくかもしれないと思うのです。

ただし、「いずれ学校の先生は要らなくなりますよ！」とはならないだろうと、私は思います。一つには、第1章で述べたように、学校は子どもたちを学習活動に没入させようとするさまざまな仕掛けを作ってきているからです。子どもたちの多くは、「勉強したい！」と思って生きているわけではありません。そういう子どもたちを「勉強に没入させる」という、学校という装置のもつ強みは簡単には捨てがたいはずです。

いくらアプリや教材で子どもたちの興味をそそりやすいものを作ったとしても、難しいところや面倒くさいところがつきまといます。子どもたちの身の回りには、もっと手軽で面白いものやことがあふれています。最初は興味を持って勉強を始めても、学習アプリや教材にすぐ飽きてしまう子が、いっぱい出てくるだろうと思うんです。ゲームを始めたり、テレビを見たり、友だちの家に遊びに行ったり……。特に嫌いな教科とか、苦手な教科なんかではそうだと思います。

もう一つには、「学級」とか「班」とか「グループ」とか、そういった小集団をうまくコントロールしながら学習を進めていくというやり方がおそらく今後も有用だし、そのためには、子どもたちを集めて対面状況で授業を進めることがなくなることはないだろう、と思うのです。

たとえば、近年流行している調べ学習とかグループ・ディスカッションとかを考えてみると、積極的でない子どもにとっては、「みんなとその場で一緒に」というのが、動機づけの面で欠かせないように感じます。また、周囲を観察して、周りの友だちの様子や発言などから学ぶといった部分もまた、子どもの学習過程で欠かせないものです。

他にも、子どもの話し相手になる大人という役割も重要かもしれません。励ましたり叱ったり、相談に乗ったり、進路を一緒に考えてあげたりなど。たとえば、担任の先生は、(ハズレもあるけれど)子どもの情緒的発達や社会的発達にとって、家族以外の親密な大人として、「重要な他者」の役割も果たしてきているのです。

だから、子どもたちに学習に取り組ませるためのさまざまな工夫を日々やり続ける者や、子どもの成長を見守るための大人が必要で、そうであるがゆえに、教師という仕事は残り続けるだろうと思うのです。AI技術の進歩で「先生が要らなくなる」のではなく、教師がIT機器やデジタルコンテンツを活用しながら教育をしていく学校、といった像になっていくのだと思います。

経済の二極化か、万人の豊かさの実現か

AI技術の進歩は、教育の方法や内容を変えていくという話をしましたが、技術革新は社会のあらゆる部分に影響していきますから、間接的な形で、もっと大きな影響を教

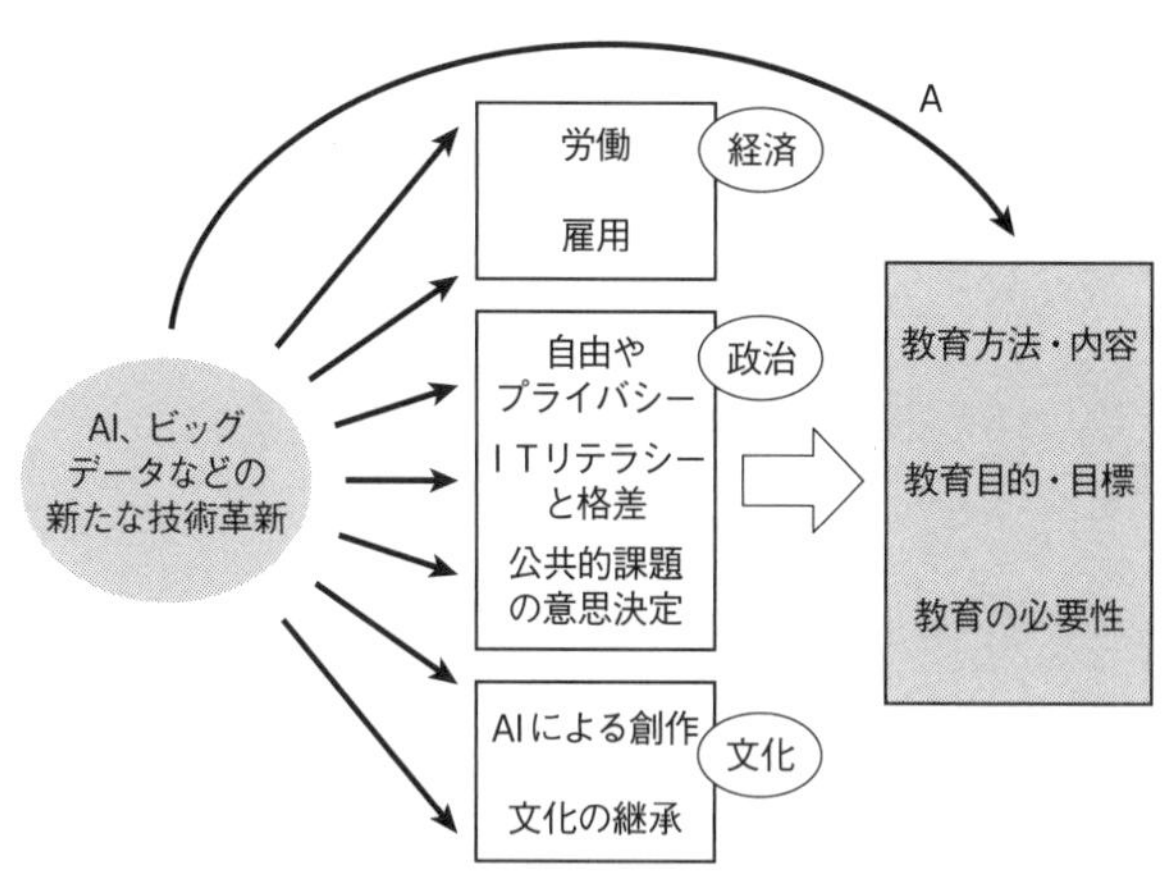

図６－２　新たな技術革新が教育に与えるインパクト

育に与えることになるはずです。図６－２にそれをまとめてみました。

図の一番上に描いたＡの矢印が、先ほど述べた、ＩＴ機器やデジタルコンテンツによる教育方法や内容の変化を示しています。

しかし、図を見ると、それ以外に、技術革新が社会の諸側面を変えていく筋道があります。経済、政治、文化、それぞれの変化に応じて、教育がそれに対応していかないといけない課題がたくさんあるということです。

一つ目は、経済です。ＡＩ技術の発展により、雇用が大きく変動します。「雇用の喪失」がまず大きな問題です。今まであった仕事のかなりの部分が、ＡＩに取って代わられてしまうという予測がさまざまに出されています。二〇四五年には全人口の一割しか働かない社会になっていると予測する論者すらいます（井上 二〇一六）。定型的な事務業務も、弁護士や会計士、証券取引や金融など「憧れの仕事」の多くも、大幅に人が不要になるそうです。これまでの社会の見方からいうと、失業者だらけの社会になる、ということになります。

また、多くの論者が指摘するのが、「労働の二極化」の可能性です。ＡＩが高度に発達した社会では、多くの仕事はＡＩに取って代わられることになりますが、すべての仕事がＡＩに奪い取られるわけではありません。

一方では、クリエイティブで高付加価値の仕事や、社会全体への強い影響や権限を持つ仕事は、きっと人間の側に残ります。ＡＩを使うシステム自体の設計・管理、研究開発に従事する科学者や技術者など、一部の仕事はより重要性を増すはずです。ただし、その人材需要はあまり多くはありません。国民全部、世界中の人全部がそんな仕事につけるわけがないのです。

もう一方では、生産性は低いけれど複雑な判断や人間的なコミュニケーションが有用な仕事も人間の側に残るといわれています。ごみの収集とかは瞬時の柔軟な判断が必要で、人間の仕事として残るかもしれません。お弁当の販売とか接客とか、人間的なコミュニケーションが相手にとって重要なので、きっと残っていくはずです（学校の教員も）。また、社会が豊かになってくる中で、ネイル・アーティストとか、アニマル・セラピストなどの新しい仕事が生まれてきたけれど、きっとこれからもそんな感じで、いろいろな種類の対人的な仕事が新たに作り出されていくと思います。

要するに、①これまでの多くの仕事は消えていきます。②また、ＡＩが高い生産性の複雑な仕事をし、人間の側には、ＡＩにはできない仕事が残されます。③残された仕事には、そのＡＩを制御するなどのごく一部の高度に知的な仕事と、ＡＩに使われつつ行う生産性の低い多くの仕事とに二極化していくのだ、というのです。

マット・デイモンが主演した映画「エリジウム」（二〇一三、米）は、社会が超富裕層と貧困層とに分断された、そのような未来を想像させてくれます。この映画では、近未来の地球は荒廃したうえ、ロボットによる監視・管理社会になっていて、たくさんの貧民がひしめき合って暮らしています。ごく一部の超富裕層は、宇宙空間にある「エリジウム」という巨大な人工衛星の上に移住して、豊かで快適な生活を送っています。そこには緑にあふれ、プールのついた邸宅にみんなが住んでいます。完全に二極化すると、そんな感じの世界になるのだな、と思わされます。

しかしながら、別のシナリオを描く人たちもいます。AIが人類全体を豊かにするだけの富の生産をやってくれるので、もしも十分な再配分の仕組みが作られ、たとえばベーシックインカム（BI＝衣食住に必要な生計費を政府が支給する制度）が適切に制度化されたりするならば、誰もが豊かに暮らせ貧富の格差が小さい社会が実現することになる、というのです。仕事に就けなくても十分な水準の生活を維持できる社会です。

一九三〇年に経済学者のJ・M・ケインズは、百年後を予想して、「人間は週十五時間だけ働けばよい社会になっている」と予言したそうですが、生産性がもっと高まっていくと、それが実現する可能性が出てきます。ベーシックインカムの議論は、十年ほど前にはまだ「そんなの無理でしょ」と、単に思考実験のように受けとめられていましたが、今ではずいぶん現実味を帯びた議論になってきました。一人ひとりに「年に一万ドルを配る」とか、「月に千ドルを配る」といった提案が、いろいろな立場の人たちから出てくるようになっているんです（ローリー 二〇一九）。

再分配とワークシェアを適切にやれば、ＡＩのおかげで、みんなが豊かで余暇をたっぷり楽しめる社会を実現することもできるかもしれないのです。

政治への影響

ＡＩやビッグデータは、政治にも大きな影響を与えます。

一つ目に、これまでの市民的自由や個人のプライバシーなどの考え方は、根底から揺らがされていく事態が生じていくかもしれません。

今回の新型コロナウイルスでも、みんなで個人を追跡できるアプリを使って登録しようという動きがありましたが、あまりにもずさんなアプリで、まったく使いものになりませんでした。しかし、個々人の行動をビッグデータで把握する仕組みの開発は今後も進んでいきます。そうなってくると、個人の自由やプライバシーが、データとして筒抜けになっていきます。一定程度の利便性があるので便利になる代わりに、プライバシー情報を譲り渡すのを認めるという、難しい問題に直面します。

政治で懸念される二つ目は、ITリテラシーを持って使いこなせる人とそうではない人の格差がどんどん大きくなることです。社会的にやっていける人と、いろいろな動きから取り残されていく人たちとの格差という問題です。

そして、三つ目には、民主主義の空洞化や終焉（しゅうえん）という懸念もあります。AIやビッグデータが、政治の意思決定に使われていくことが進んでいくと、公共的な課題の意思決定のやり方が、これまでと大きく変化していく可能性があるのです。これまでは、国民ができるだけいろいろなことを考えながら公共的な課題の選択をしていくという民主主義でした。民主主義こそが、いわば、社会をおかしな方向へ行かせないためのバランスを取る道具として機能してきたわけです。人間は誰も不完全で間違えてしまうからこそ、「みんなで決める」という民主主義が合理的なやり方として採用されてきたのです。

しかし、AIやビッグデータが広がる中で、みんなが決めるのではなくて、AIに最適な選択肢を示してもらうほうがいいという話になったときには、もはや、民主主義は終焉してしまいます。

もちろんAIが出した答えに異議を唱えることはできるし、最終的には人間が「Xでいこう」と判断することにはなるでしょう。でも、ＡＩが導き出した最適解を拒否することの正当性を主張する論拠を提示することは、はなはだ困難になるはずです。何かの決定に不満を持つ人たちや、恵まれない状況におかれた少数派などが何かを訴えようとしても、「ＡＩがビッグデータを分析して最善だと判断したことに対して文句を言うな」と言われてしまいます。国民は政治のことは何も考えなくていい、そして何も考えるな、という話になってしまうかもしれません。これは深刻な問題です。

政治の領域に関しても、別のシナリオを描くことはできます。誰もがＩＴ技術を使いこなし、さまざまな情報を容易に入手したり、自分の意見を発信したりすることができるようになれば、民主主義の質は高まる、という議論もあり得ます。また、先ほど触れたベーシックインカムなどで誰もが豊かになったら、これまでは「政治どころじゃないよ」と目の前の生活に追われていた人たちが、もっと政治に関心を持ったり関与したりするようになる可能性もあります。米国ＭＩＴの経済学者、Ｅ・ブリニョルフソンは、そうした事態を「デジタル・アテネ」という語で表現しているそうです。かつて奴隷がやった仕事はＡＩがやり、人間は政治と文化の主体として充実した生活を送る、という像です（テグマーク 二〇二〇）。

文化への影響

さらに、ＡＩやビッグデータは文化のあり方も変えます。すでに文化の蓄積や継承は、コンピュータが人間よりもはるかに効率的にやってくれています。現在はまだ、人間が自らの知識や関心をもとに、コンピュータの情報を検索して選択しつつ活用していますが、いずれは、ＡＩが一人ひとりの好みや気分に合わせて自動的に情報を選択し、必要なものだけを必要な時に示してくれることになるかもしれません。実際、スマホやＡＩスピーカーに向かって、質問を投げると、ビッグデータを参照して調べて答えてくれるところまできているわけですから。

ただし、その場合、これまでたとえば「達人」といった形で維持されてきた高度な文化が、ＡＩに取って代わられることで消えてしまうかもしれないという問題があります。典型的なのは、がんを見つけるなどの医療の画像診断です。これまでは、画像診断に熟達した医師が画像を見て判断していましたが、ＡＩがどんどん進んで画像診断技術が高まり、ＡＩが、「ここに病気の可能性がある」と正確に指摘するようになると、いわば、医者の達人技みたいなものはなくなっていくことが予想されます。おそらくわずか一世代で、人間は画像診断の熟達した技術を失ってしまい、ＡＩに教えてもらうしかなくなるかもしれません。

そういうことが、いろいろな文化の領域のあちこちで起きてくる可能性があります。人間が一昔前には持っていた高度な文化的なスキルが、一世代ぐらいの間にみんな失われてしまう。ＡＩがすべてやってくれるから、高度な知識やスキルを身につけた人間が誰もいないという状況が考えられるのです。結構大きな社会変動です。

もう一つ、「人間の文化を創造することは人間だけができる」と考えられてきましたが、それも危うくなってきています。すでにＡＩが作曲した音楽はたくさん登場してきています。なかなかの質のものができてきているようです。ＡＩが小説を書いた例も登場してきています。いずれ遠い将来には、学校の音楽の時間に「ＡＩ○○号が作曲して大ヒットしたあの名曲を、みんなで鑑賞しましょう」とか、国語の時間に「ＡＩ××号が作った、あの感動的な詩を朗読しましょう」なんてことも想像できます。ＡＩが創造した文化を人間の子どもがせっせと学ぶという、皮肉な風景です。「創作のほうは、もうＡＩに任せてしまおう」といった話になってしまうと、文化的主体としての人間それ自体がやせ細ってしまうことになります。

ここでもまったく異なるシナリオはあり得ます。ＡＩ技術の発展によって、高度な文化にアクセスすることが誰にでも簡単にできるようになり、ベーシックインカムなどで豊かな生活を享受しつつ、さまざまな文化をみんなで愉しむようになる、という世界です。今でも定年で仕事を辞めた人が、たとえば書道を始めたり、絵を描き始めてみたりといったことがよくありますが、ＡＩが富を生んでくれる未来社会では、一生を通してずっと、いろんな文化を愉しみ続ける毎日になるかもしれません。ジャンルによっては、ＡＩ以上に熟達した「達人」が生き残っていくかもしれません。

ＡＩと幸せに共生するために

ＡＩ技術の発展によってだれもがより豊かで快適に過ごせる社会になっていくのか、それとも自由・平等・民主主義などの点で大きな問題をはらむ社会になっていくのか。

さまざまな予測やシナリオがあることを紹介してきました。

　ＡＩ技術が生み出す社会の変化には、楽観的な展望もあります。人類は今よりもはるかに豊かになり、ＡＩ技術を使いこなして環境問題や食糧増産問題なども解決され、万人が少しだけ働き、民主主義と文化の享受を謳歌（おうか）するような社会になっている、というシナリオです。

　しかし、もう一方には悲観的な展望も存在しています。多くの仕事が失われ、富の配分は二極化して競争が激しくなるとともに、民主主義は空洞化し、自由やプライバシーは失われ、文化の創造すらＡＩに主導権を奪われてしまうというシナリオです。階級分断社会、超監視社会、ソフトな洗脳社会、人間の文化喪失といった事態を思い描くことができるのです。

　あえて言えば、「人間とＡＩが共生する社会」になるか、「共生に失敗した社会」になるか、われわれが選びうる未来の道筋は複数あるわけです。

　未来を「われわれが選びうる」という点が、ここでのポイントです。今後数十年のＡＩ技術の発展が、「ＡＩの暴走」や「二極化した世界」を生むことになるのかどうかは、社会の仕組みをめぐる諸問題について、われわれが国際的・国内的にどういう政治的な決定をしていくのかにかかっているのです。

たとえば、M・テグマークは近未来の課題として、AIの安全性問題、法律のあり方の問題、自律兵器の問題、仕事の喪失問題を挙げています（テグマーク 二〇二〇）。憲法などとの関係でいうと、「個人の尊重、プライバシー」「自己決定原理」「民主主義」「選挙」「裁判」などたくさんの社会のルールや制度が、AI技術とどう折り合いをつけていくべきなのかが問題になるはずです（山本編著 二〇一八）。

AI技術が自動的に社会を変えていくのではありません。未来の社会の仕組みをどう選ぶのかは、私たちの選択なのです。AI技術をどういうルールの下で社会に実装するのか、たとえば、富の配分のルールをどう見直していくのか、人間の活動領域の中のどこまでをAIに委ねることにするのかなどを、われわれ人間自身が、今のうちから議論して決めていかないといけないわけです。

未来に向けた学校教育の役割

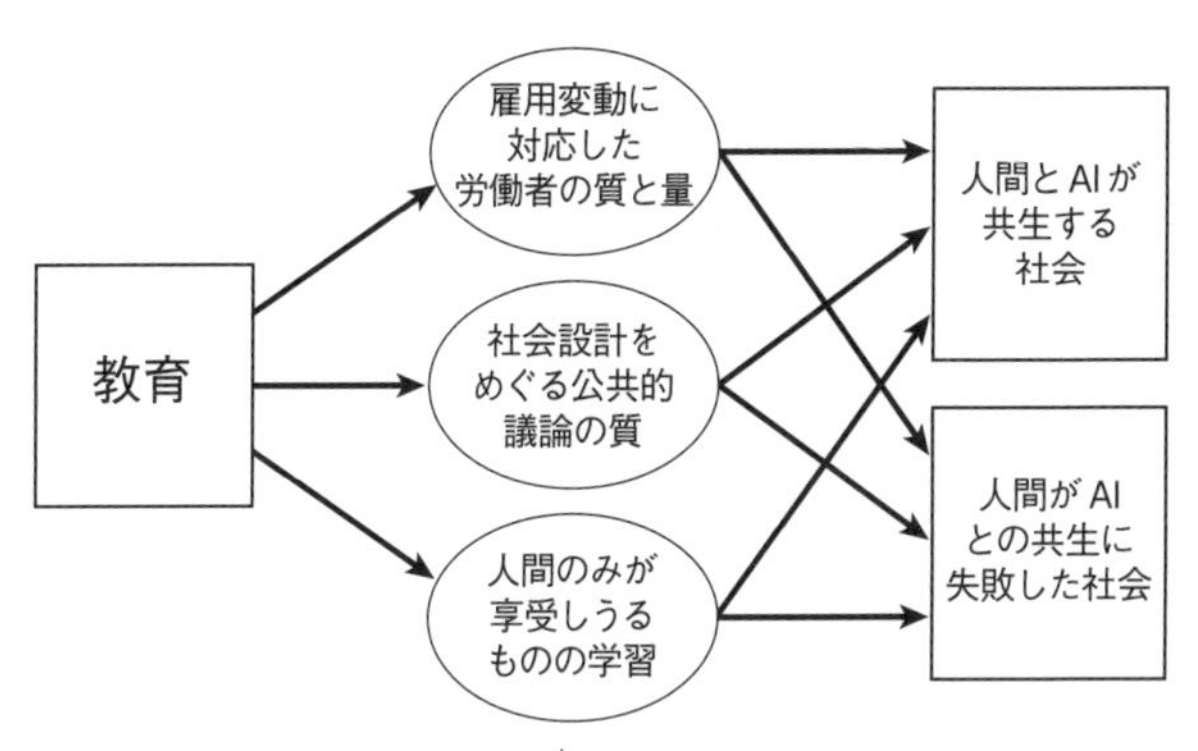

図６－３　新たな社会に向けた学校教育の役割

人間とＡＩが共生する社会に向けて、今の学校教育にできることは、さまざまにあります（図６－３）。

第一に、経済の次元に焦点を当て、雇用変動に対応した技術やスキルを持った子どもたちを育成していくことが必要です。十分なＩＴスキルをすべての子どもたちに学ばせて社会に送り出していく必要があります。ＡＩに取って代わられていく職業を目指した職業教育を減らして、新たな仕事に向けた教育を拡大していくといったことも必要でしょう。

第二に、政治の次元に焦点を当て、社会設計をめぐる公共的な議論の質を高める知識やスキルを持った子どもたちを育成することも必要です。というか、この点がいま、最も重要になっているのではないかと私は考えているので、あとであらためて論じます。

第三に、文化の次元に焦点を当て、人間のみが享受し得る文化（芸術や文学、身体運動など）を身につけさせることも、今の学校教育のなかでしっかり取り組んでいかないといけない課題だといえるでしょう。

公共的議論を高めるための教育

多くの人は、「よい仕事がなくなるかも」ということを一番心配して教育の役割を論じるかもしれませんが、私はむしろ、これからの学校教育は、政治の次元の課題にむけた教育に、本気で取り組まねばならない、ということを強調したいと思います。未来社会の選択の方向を左右するのが、政治だからです。

もしも、適切な再分配や生存保障の仕組みが作られないまま「経済の二極化」が進んでいくとすると、社会はものすごく大きな貧富の格差がある社会になります。そこでは、きっと学校教育は、数の限られた、高度に知的な仕事をめぐる熾烈（しれつ）な競争の場になるでしょう。その社会では、「ＡＩによって減っていく『よい仕事』をめぐる競争の場としての学校」という役割を果たすことになります。

しかし、いくら全国、全世界の学校の子どもたちが競争の中で頑張ってみても、そのほとんどは夢を実現できず、敗者になっていく競争にすぎません。「よい仕事」の絶対量は多くないので、椅子の数がごく限られた「椅子取りゲーム」になるだけだからです。高度な教育を受けた若者が、低賃金で弁当を売ったりゴミを集めたりするような仕事に就く以外の選択肢がない社会になってしまうでしょう。貧困から抜け出せない若者たちは、教育に期待をかけること自体をやめてしまうかもしれません。

「ＡＩを使いこなして仕事ができる人間を育成する学校」というふうに、仕事や雇用との関連だけで学校を論じる議論もまた、結局のところ、社会の変化に押し流されるだけの大量の若い世代を作り出してしまうことになります。

だから、そうではなくて、学校教育の役割は、「みんなが豊かさを享受できる社会」を実現することに貢献できるものでなければなりません。それが、政治の次元に対する教育の役割、すなわち、「社会設計をめぐる公共的な議論の質を高める知識やスキルをもった子どもたちを育成すること」だと考えるのです。

社会の設計の仕方次第で、ＡＩ技術が全人類の生を豊かにしてくれることになるのか、大半の人が貧困の中でＡＩに従属するだけの生になってしまうのかが決まっていきます。それを左右するのは、今後何十年かにわたる政治的な決定の積み重ねです。

その重要な決定、社会の設計の仕方を一部のエリートに委ねるのは危ない。巨大企業や為政者の利害が前面に出てしまうからです。金持ちや権力者が、自分たちが勝者になるような社会の仕組みを作っていく危険性があります。

だからといって、民衆の生活実感や情念をあてにしたポピュリズムも危ない。情動的で理不尽な差別や排除や暴力が、「大衆の声」として是認されてしまいかねないからです。だから、急いで民主主義の質を高めていく必要があります。人間とＡＩが共生する社会を実現するためには、高い質の公共的議論に参画できる人間を作り出す学校教育が求められているのです。

ＡＩ技術が生み出してしまう情報バイアス（歪（ゆが）みや偏り）に流されてしまわない人間、ＡＩ技術による利便性と自由・プライバシーとの悩ましい関係などに対して賢明な判断を下せる人間、ＡＩ技術が経済にもたらす恩恵の不均衡（国際間・国内間で生じる格差や差別など）の問題に目を凝らして是正や改善を訴えることができる人間を、学校教育がいかに育んでいけるかが、われわれの社会の未来を決めていくことになります。さまざまな公共的課題について、情報を的確に把握し、慎重に熟慮し、公共的な議論に参加し、未来を賢明に選択してくれる人間を、社会に送り出していくことが必要なのです。

社会が経済的に二極分化し、貧困と不満とが渦巻く未来社会になってしまうのではなく、AIによる豊かな恩恵をすべての人が享受できる未来が来ることを、私は望んでいます。大半の読者の人も、その道を望ましいと思ってくれていると思います。その道をみんなで選び取れるような政治を実現するための教育を、急いで進めていく必要があるのです。

もしもうまくいった場合の学校教育の危機

もしも未来社会が望ましい方向に進んで、富の再配分がしっかりとしたルールになって制度化され、誰もが豊かさを享受できる社会になったとしたら、それは人類にとって幸せな未来です。しかし、それでこのお話は終わるわけではありません。

その場合にも、教育は危機に陥ると私は思うからです。仕事をしようがしまいが、誰もが豊かに暮らすことを約束された社会がもしも実現したとしたら、「仕事に就くために勉強する」という意味づけが通用しにくくなるため、「何のために勉強する必要があるのか」を子どもに納得させることが難しくなってしまいます。勉強してもしなくても、豊かな生活は保障されているわけですから、「勉強やーめた」という子がたくさん出てくる可能性があります。

ベーシックインカムが制度化されたとしても、自分が携わりたい未来の仕事や活動をイメージできる子どもは、学校や教育に期待をかけて前向きに取り組んでいくだろうと思います。しかし、「やりたいことは何もないよ」という子どもたちは、勉強しなくちゃいけない動機づけが見つからない、ということになるのです。「いいよ、どうせお金はもらえるから生きていけるんだから」と、学校に行くのをやめてしまうかもしれません。きっとそういう子どもがたくさん登場するように思います。

AIはせっせと自動学習をし、多くの子どもたちは家にこもって3Dゲームを毎日やっている、という社会になってしまうかもしれないのです。次世代の危機、ですね。過去の状況とはまったく異質な「勉強の動機づけ」問題に、遠い先の教育は直面することになるわけです。すべての子どもがなぜ学校で長期間学び続けなければならないのか、子どもたちの動機づけに働きかける新たな論理の構築が必要になります。

教育学の役割の見直し

ＡＩの高度な発展の帰結をめぐる中心的な問題は、実はＡＩ対人間という問題ではなくて、人間同士の関係や人間存在の意味をどう考えるかという問題だと私は考えています。もしも労働と富が二極分化した社会がやってくれば、教育は不毛な競争とおびただしい敗者という難題を抱えます。また、もしも適切に再配分がなされる社会がくれば、人間はみんな幸せを感じるけれど教育は別の難題を抱えます。

未来の社会に目を凝らしながら教育の原理的な理論をどう組み立て直すべきなのかを、教育学者は急いで検討していかないといけないのではないかと私は考えています。これからの教育学のフロンティアになるはずです。どうか皆さんも一緒に考えてみて下さい。

……とまあ、こんな先の先まで考えて心配している教育学者は、私ぐらいだと思っていたら、教育哲学者の松下良平さんが似たような懸念を表明されていました。「〈ＡＩとベーシックインカムで」国民が労働力としても政治的主体としても期待されなくなれば、……国家による公教育の根拠は不明になり、制度化された学問としての教育学も不要になりかねない」（松下 二〇一九 一七八頁）。教育哲学は時空を超えた広い視野で教育を考察していますから、やはり大事なことを見逃しませんね。

井上智洋 二〇一六『人工知能と経済の未来』、文春新書。

佐藤秀夫 一九八八『ノートや鉛筆が学校を変えた』平凡社。

テグマーク、M 二〇二〇『LIFE 3.0——人工知能時代に人間であるということ——』水谷淳訳、紀伊國屋書店。

日本経済新聞社編 二〇一八『AI 2045』日本経済新聞出版社。

松下良平 二〇一九「国民国家と日本の教育・教育学」森田尚人・松浦良充編著『いま、教育と教育学を問い直す——教育哲学は何を究明し、何を展望するか』東信堂。

山本龍彦編著 二〇一八『AIと憲法』日本経済新聞出版社。

ローリー、A　二〇一九『みんなにお金を配ったら――ベーシックインカムは世界でどう議論されているか？』みすず書房。

（本章は以下の二つに加筆したものです）

広田照幸「ＡＩが生む教育の未来」『教育展望』第六五巻第一号、教育調査研究所、二〇一九年二月、四九―五三頁。
広田照幸「ＡＩと公共的課題――人間とＡＩとの共生に向けた賢明な市民をつくる教育」『教職研修』第五七七号、教育開発研究所、二〇二〇年九月、一一〇―一一一頁。

第7章　身の回りの世界とグローバルな世界

最後になりましたが、「身の回りの世界とグローバルな世界」というテーマで話します。これまで出てきた論点をふまえつつ、それらを組み合わせて、若い世代に期待するもの、教育に期待するものを論じてみたいと思います。

1　広い世界に出て行くために

家族と友人だけの世界は狭い

子どもたちが普段日常的に接している「身の回りの世界」を考えると、そこで重要なのは、なんといっても家族・友人・学校の三つでしょう。第1章で、子どもを取り巻くさまざまな社会化エージェントの図を示しておきました（二九頁）。学校については後で別に論じることにして、さまざまな社会化エージェントがある中で、家族と友人からの影響は、飛び抜けて重要でしょう。それぞれ、子どもと親密な関係をつくっていて、よい意味でも悪い意味でも、子どもの社会化にとても大きな影響を与えています。家族と一緒に生活し、友人と遊んだり話したりしていく中で、学校教育で学ぶのが苦手な子どもでも、いろいろなことを自然に学習していきます。

人は、学校で学んだことはどうでもよいとして、生まれ育った地元の仲間を頼りにして生きていくこともできます。東京から一時間ほどの地方都市のストリートダンス・グループのフィールド調査を行った新谷周平さんは、彼らが抱く将来展望の中に、そうしたものを見出しました。それは次のようなものです（新谷 二〇〇二、一六四頁）。

彼らが、場所、時間を共有する人間関係は、同じ中学あるいは近隣の中学の同級生、先輩・後輩である。彼らが活動する範囲も非常に限定されたもので、東京へ出ることもほとんどなく、将来的にもこの地元で生活していこうと考えている。この文化のもとでは、自分でお金を貯めて進学するよりも、今あるお金で仲間におごる方が優先され、職業的達成を図るための条件のいい職場よりも、仲間との関係を維持できる地元の職場が優先されるのである。

場所、時間、金銭を地元の仲間と共有するという特徴をもった、このような下位文化を、新谷さんは「地元つながり文化」と名づけ、「大事なことは、彼らが地元つながり文化を形成することで、親の経済力とは独立に、「地元」で生活していくという将来展望を共有していることである」と述べています。仲間のつてで就職先を探したり、危機に直面した仲間をみんなで助けたり、といった生き方をすることになります。これはこれで、幸せを手にすることはできるし、人の生き方としてはよいのかもしれません。

しかしながら、家族や友人からだけ学び、家族や友人との世界だけで生きるのは、「狭い」と私は思います。世界中の貧しい農村で暮らす子どもたちは、このローカルな世界の狭さに閉じ込められてしまっています。日本でも、子どもたちは、多様な可能性を持った生き方が選択できることが望ましいはずです。地元にしばりつけられず、仲間に頼らざるをえないわけでもなく、もっと自由と可能性に富んだ将来展望ができること、多様な進路や生き方の選択肢をもてるということが大事だと思うのです。子どもたちにそういった幅広い可能性を与えてくれるのが、学校です。

この本の第3章では、そういう話をしておきました。家族や友人との生活の中でいろいろ学び成長するのが、モレンハウアーのいう「提示」の世界です。しかし、その狭い世界から外へ出て行って生きるために、世界全体をコンパクトに縮約したものを文字や記号を通して学ぶ（代表的提示）のが、学校の知だというお話をしましたね。

学校は「長い廊下」

学校は広い世界へと通じる通路です。さまざまな仕事に通じる通路でもあり、主権者として広い世界を自分たちで維持したり変革したりする活動をうまくやれるようになるための通路でもあり、人類が作り上げてきたさまざまな文化を享受するために基本的なことを身につけるための通路でもあります。

しかし、学校自体は、ワクワクする体験をさせてくれるものに満ちた広い世界そのものではありません。あくまでも、学校は、世界全体をある角度からコンパクトに縮約した文字や記号ばかりがあふれている場にすぎないのです。

もちろん、先生の中には、上手に工夫した教え方で、この世界の真理や真実に目を開かせてくれて、驚きや感動に満ちた授業をしてくれる先生もいるかもしれません。でも、カリキュラムはギッチギチだし、先生は忙しいし、何よりも教師からの思いが生徒の側に伝わるとは限らないから、全国の学校のすべての授業が驚きと感動にあふれることは、とても期待できません。

だから、この学校という通路は、窮屈なほど狭く、退屈なほど殺風景な、長い廊下のような場所だと考えたらどうでしょうか。決して居心地がよい場所ではないけれど、でも、その廊下を通って行けば、廊下の先には扉があって、その先は、身近な世界を越えた、さまざまな生き方の可能性に満ちた、より広い社会につながっているのです。

長い廊下の先まで進んで、そこにある扉を開けたらどうなるかというと、たくさんの扉がある部屋に行き着きます。どの扉を開けて前に進むかは、あなた次第です。それが、人生の進む方向の選択です。ただし、「選抜」がなされる扉もあります。手をかけただけですぐに開く扉もありますが、簡単には開かない重い扉もあります。あなたが開けた扉の先には、ある世界がいきなり広がっていて、あなたを受け入れてくれることもあるし、あるいは、これまでとよく似た廊下だけの部屋になっていることもあります。いずれにせよ、あなたは前に進むことができます。

2 〈自分探し〉と学校

アイデンティティを宙吊りにする学校

若い人たち一人ひとりが、それぞれどの扉を開いていくのかは、当人たちにとっては大問題です。「自分が何をやりたいのか」「自分に何ができるのか」、誰しも悩んだり迷ったりします。それどころか、「本当の自分はどういう自分なんだろう」と悩むことも多いと思います。中学生や高校生はもちろんのこと、大学生になった若者の多くも、そのような状況の中で生きています。自分がどう生きるべきなのか、簡単にはわからないから、そこで誰しも〈自分探し〉に悩まされることになります。ここでは、〈自分探し〉と学校との関係について論じます。

生徒たちや学生たちが「自分が何者か」を考えても答えが出ない理由の一端は、学校にもその責任があります。学校は、子どもたちを「まだ何ものでもない」状態に置くことによって、アイデンティティを宙吊り（ちゅうづ）にする場だからです。

子どもを「未熟」扱いする学校

第一に、学校は子どもたちを「教育を受けることが必要な未熟な者」として扱います。教師―生徒という非対称な関係がセットされている時点で、原理的にそうなのです。「○○を理解しなさい」「××を覚えなさい」「△△について、レポートを書きなさい」といった課題をクリアしていって、スタート時点とは別の状態、別の自分に達することが求められているのです。「ボクはもう、勉強しなくたっていいんだ。もう一人前だから」と言われたら、教育は成り立たなくなってしまいます。学校は、「勉強しなくちゃ、一人前の大人になれないよ」と脅しをかけながら、生徒や学生一人ひとりに対して、今の自分を未完成の状態だと位置づけさせるのです。

さらにいうと、学校は、子どもたちを現実の社会から隔離して、未熟・無能な状態を保とうとします。学校は、実際の社会で求められるような責任ある役割を生徒や学生に求めない代わりに、しばしば情報を遮断したり経験を制限したりして、勉強に専心させようと躍起になったりもします（第2章）。

だから、学校という場では、子どもたちは未完成な存在と見なされ、現実の世界から隔離されて、アイデンティティの確立を先延ばしにされているのです。

ちょっと脱線しますが、高校生や大学生の中には、アルバイトとかで現実の社会の中での経験をする人は多いでしょう。お金を稼いで学費や生活費の足しにするといった点とは別に、いつまでも生徒や学生を未熟者扱いする学校に対して、別の形での成長の機会になるから、アルバイトをしてみることは悪いことではないと思います。責任ある役割を果たしたり、周囲の人や自分の失敗から学んだりして、「一人前になる」ために有用だと思います。

しかし、大学の教員という私の立場からいうと、アルバイトをしている自分に有能感を感じて、そこに「真の自分らしさ」を見つけ出す者がいたりすると、「困ったな」と思います。授業には出てこなくなるし、本も全然読んでくれないし……。アルバイト漬けになってしまって単位不足で面談に来る学生に対しては、私は「学生時代に勉強もせずにアルバイトばかりやっていたら、大学時代に勉強を通して身につけるべき大事なことが身につかないで、小銭を稼ぐだけの人生になっちゃうよ」と言うようにしています。本当にそうなるかどうかはわかりませんが、勉強に専心させるための脅しですね。

仮のアイデンティティ

第二に、学校を卒業した後の選択次第、進路次第で、最終的なアイデンティティの具体的な中身は違ってきます。だから「私は何ものなのか」が不確定になってしまうというところがあります。社会の中でどういう役割を果たしていけるのか、まだわからないわけです。「教師として頑張りたい」と思っていても教員採用試験に合格しなければ、別の道を考えるしかない。「技術者になりたい」と思っていても、企業や研究所が採用してくれないと、なれない。

学校が提供するのは、せいぜい「仮のアイデンティティ」です。「勉強がよくできてほめられる私」とか、「志望校入学に向けて頑張っている私」といったアイデンティティは、当面の学校生活を充実したものにしてくれます。「部活に打ち込んでいる私」とか「クラスの友だちに頼られている私」といったアイデンティティも、当面の〈自分探し〉の答えにはなります。しかし、これらはいずれも、学校を卒業した後まで続いていくものではありません。

生徒や学生の中には、消費的な活動や学校の外での人間関係など、若者文化の中に、一時的なアイデンティティを求めることもあります。「好きな音楽を愉しんでいるのが本当の私」とか、「趣味にはまっている私が本当の私」とか。新谷さんの論文に出てきた若者のように、「地域の仲間とつるんでいるときの自分が本当の自分」というようなアイデンティティの探し方もあります。

アイデンティティの源泉としての若者文化という主題は、それ自体面白いものです。一つには、昔と比べてみて、現代の若者は、労働の世界に出て行く前に、何年間も若者文化の消費者、しかも一人前の消費者としてすごしているからです。また、学生時代の若者文化をそのまま自分の仕事にしたり、一生の生きがいにしたりする生き方も多く見られる時代になりました（広田編 二〇〇八）。とはいえ、大多数の子どもたちは今でも、自分が愉しんできた若者文化とは無関係に、自分の仕事や活動をどうするか考えないといけないときがやってきます。若者文化にどっぷりはまっているままではいかなくなるのです。だからそちらも一時的な「仮のアイデンティティ」だということになります。

〈自分探し〉のコツ

学校が子どもたちのアイデンティティを宙吊りにする結果、ある意味でとても皮肉な事態が生じてしまいます。学校を出た後に、自分が選択できるどの扉を選ぶのかは、本人次第だとされる。「何をやりたいのかは自分で決めなさい」ということです。でももう一方で、「私は何なのか。私には何ができるのか」という本質的な問いへの答えは先延ばしになっている。学校という装置によって子どもたちのアイデンティティは未確定なままにされてしまっている。だから、その板挟みで、「自分が何をやったらいいのかわからない」という事態が生まれてしまうのです。

学校は「世界を縮約した知」だというお話をしましたが（第3章）、その知は網羅的で、しかも概括的なものにすぎないから、そのまま何か特定のものについての関心や問題意識を与えてくれるわけではありません。ある教科のある事項にはまって、そこから人生を選ぶことができる人もいるかもしれないけれど、そんな幸運な人はあまり多くはないでしょう。

小学校から高校までの学習内容は、何かをしようと思ったときに、それに関わる材料を集めたり、それを理解したりするための基礎になるものだと考えたらよいと思います。

どんな仕事でも、どんな活動でも、高校までの学習内容をきちんと理解しておいたら、それの一部が必ず基礎的な知識として役に立つのだと思います（使わないままになってしまうものも多いけれど）。

子どもたちの進路選択では、進路先について、あらかじめ十分に情報を提供して、理解させた上でどの扉を開くかを決めさせればいいじゃないか、という考え方はあります。「進路先選び」で進学先や就職先の情報をしっかりと伝えて考えさせる、というものです。確かにそれは必要だと思います。

しかし、このやり方には限界があります。進学先や就職先についての正確で詳細な情報があればあるほど、再び「自分は何をしたいのか」というところで、子どもたちはわからなくなってしまうだろうということです。たくさんの情報の中から自分は何を基準に優先順位をつけるのか。そのずらっと並んだ進路先のどれが自分に適しているのか。結局のところ自分は何をやりたいのか……。問いは振り出しに戻ります。

家庭や友人から学ぶのは狭い。学校は「仮のアイデンティティ」は与えてくれるけれども、「自分がどう生きればよいのか」の答えは教えてくれない。進路先の情報を調べると、何でもやれそうだし、でも自分が何を選んだらよいのかは、膨大な情報が自動的に教えてくれるわけではない。どうしたらいいのでしょうか。

私が中学生や高校生の皆さんにお薦めしたいのは、いや、大学生についても同じですが、「〈自分探し〉のためには、家庭・友人・学校のありふれた日常を超えた何かを自分で探してみる」ということです。そのやり方はいろいろあるでしょう。

この本を手に取ってくれているような、読書好きの中学生・高校生の皆さんには、いろんな本を読んで、知的に背伸びをしてみることをお薦めします。本の世界は無限の広がりと奥行きを持っていますから、学校の図書館や地域の図書館、大きな本屋さんには、きっと自分の関心をそそってくれる本があるはずです。自分で読書をしっかりやっていくと、親や友だちが知らないこと、学校では教えてくれないことを、いろいろストックできます。気がつくと、「ああ、こういうことをやってみたい」とか、「こういう生き方をしてみたい」と自分なりの生き方を考えることができるようになるでしょう。

もっとねらいを明確にして、普段の生活で疑問や興味を感じたことや、学校の授業で出てきたことで「面白そうだ」と思ったことを、自分でさらに調べてみる、といったこともいいですね。あるジャンルについて異常に詳しい小学生、「博士ちゃん」たちがテレビに出てきますが、あそこまで深入りしなくても、何かにこだわって自分なりに学んだり深めたりしていけば、周りの誰も知らないことを知っている自分になります。うまくいけば、それが自分らしい人生の出発点になるはずです。

友だちを誘って、何か目新しいことをやってみるというようなことも考えられます。私の友人は、高校時代に何人かで八ミリ映写機を使って映画を作ったそうです。講演会やシンポジウムに参加してみるというのもいいでしょう。受付で「中学生ですけど……」とか言うと、きっと歓迎してくれます。

高校生や大学生は、自分で企画した旅行とかアルバイトとかが、自分の成長にとってのよい機会になるかもしれません。私の息子は、小学校六年生のとき、夜行列車で島根・岡山に一人旅に行きました。「今、駅の立ち食いそばを食べた」と松江の駅の公衆電話から電話してきました。ボランティア活動なんかも、家族や友人とは別の人間関係が広がって、自分を見つめるよい機会になるかもしれません。

いずれにせよ、〈自分探し〉のために大事なことは、「家庭・友人・学校のありふれた日常」に安住しないで何かをしてみる、ということだと思います。

3　世界は人間の努力で前よりもよくなっている

一番広い世界

いつの時代でも、新しい価値観や感性を持った新しい世代が、世の中を変えてきました。今の若い人たちにも、そうなってほしい。身近な日常の世界に安住するのではなく、もっと広い世界に目を向けて生きていってほしいと思っています。学校で学ぶものは、そのための基礎になるものだというお話をしましたね。

ローカルな狭い世界の外側には、もっと広い世界があって、その外側にはさらにもっと広い世界があって、というように考えていくと、さまざまな宇宙人と一緒に暮らす銀河系政府のようなSFの世界に行き着きます。でも、さすがにそれはフィクションですから除いて、現実的に考えると、一番広い世界が「グローバルな世界」です。

「グローバルな世界」は、皆さんの日常生活と無縁ではありません。みなさんは、世界中から運ばれたものを食べたり使ったりしているし、皆さんが住んでいる町や村で作られたものが、はるか遠くの国に輸出されていたりもするでしょう。この本の最後に、グローバルな世界について考えてみようと思います。

悲観主義と理想主義

皆さんの中には、グローバルな世界の現状や未来について、悲観的に考えている人がいるかもしれません。「この世界はどんどん悪くなっている」とか、「どうせ人類は、そのうち破滅してしまうに違いない」とか。

そういうふうに思ってしまうのは、無理もありません。日々のニュースでは、悪い出来事や問題のある事態ばかりが報道されています。北朝鮮がミサイル発射実験をしたとか、米中間の緊張が高まっているとか。ロシアがウクライナに侵攻して戦争が起きた、とか。経済の二極化で貧富の差が拡大しているとか。あちこちで人権を侵害する事件が起きているとか。

また、若い人に関しては、SFアニメの基本プロットとして、「世界の終わりの後」の時代を描くという、そういう世界像が蔓延(まんえん)しているから、「世界はいずれ大きな破局が来るんじゃないの」と、あきらめモードになっているかもしれません。

でもそれは違います。グローバルな世界は、前よりはましになっているし、深刻な懸念をせざるを得ない問題も、われわれ人類が本気で取り組んでいけば、何とか克服できるのではないか、と思うのです。

グローバルな世界の実際に触れる前に、まず、日本国憲法の前文の一節を引用しておきます。

われらは、平和を維持し、専制と隷従、圧迫と偏狭を地上から永遠に除去しようと努めてゐる国際社会において、名誉ある地位を占めたいと思ふ。われらは、全世界の国民がひとしく恐怖と欠乏から免かれ、平和のうちに生存する権利を有することを確認する。

ああ、とても高邁(こうまい)な理想ですね。世界の誰もが共有すべき理想だと思います。皆さんはどう感じましたか。

この憲法が作られたのは、ご存じのとおり、第二次世界大戦が終わった翌年の一九四六年です。当時の世界はまだあちこちで専制や隷従、圧迫や偏狭が広く残っていました。また、世界中の多くの人たちがまだ貧困や無知の中で生活していました。そういう中で、はるかに高いところに崇高な理想を掲げたのが、この日本国憲法の理念だったといえます。日本国憲法の理想とグローバルな世界の現実との間には大きな距離があったのです。

この理想と現実との距離は、今はどうなっているでしょうか。日本が「国際社会において、名誉ある地位」を占めているかどうかは別問題として、ここに出てきたような、「専制」「隷従」「圧迫」「偏狭」はずいぶん減りました。「恐怖」と「欠乏」もずいぶん改善されました。まだまだたくさんの人が酷い状況の中にいるのは事実で、人類が取り組んでいかないといけない課題は山積していますが、「世界は以前よりもよくなっている」というのが、おそらく正しい答えです。憲法前文に込められた、よりよい世界への希望は、たくさんの人たちの努力の結果、実現に向かってきたということです。ここでは、二冊の本を紹介したいと思います。

	1981	1990	1999	2010	2015
ヨーロッパと中央アジア	―	1.9	7.8	2.8	1.7
南米	23.9	17.8	13.9	6.4	5.6
東アジア	80.6	60.6	37.4	11.2	4.1
南アジア	58.1	50.6	―	27.2	13.5
サブサハラアフリカ	―	56.8	58.0	46.1	35.2
全発展途上国	53.9	44.4	34.3	19.0	11.9
全世界	44.3	37.1	29.1	16.3	9.6

元データは世界銀行，Povca/Net; Cruz et al. 2015, p.6. 2015は予測値
出所：ノルベリ、J.『進歩』晶文社、2018年。

表7－1　世界の極貧者、全人口比（%）、1日1.90ドル未満

貧困の減少、奴隷制の消滅

まず、ヨハン・ノルベリという北欧の作家・歴史家が書いた『進歩――人類の未来が明るい10の理由――』（二〇一八）という本です。ノルベリは、さまざまな主題についての世界レベルでの統計データを集め、それを確認しながら議論を進めています。食料、衛生、期待寿命、貧困、暴力、環境、識字能力、自由、平等、次世代という十個の主題を論じています。生存に関わる基礎的なものから生活の質に関わるものまで幅広く検討しているわけです。

この本から、貧困と隷従のことを紹介

します。

世界の貧困について、ノルベリが掲げるデータが表7－1です。

この数十年間の間に、全世界で極貧層の比率は急激に下がってきています。この表では「極貧層」の目安を二〇〇五年価格換算で一日一・九〇ドル未満と設定していますが、一九八一年には世界人口の四四・三％が「極貧層」だったのが、二〇一五年には九・六％にまで減少しました。東アジアは劇的で、一九八一年にはまだ八〇・六％だったのが、二〇一五年にはわずか四・一％にまで減少しました。南アジアもどんどん減って、一九八一年には五八・一％だったのが、二〇一五年には一三・五％です。サブサハラアフリカは減り方が少ないですが、それでも二〇〇〇年代からは着実に減ってきています。貧困率が減るだけでなく、絶対的な人口数でも減少してきています。栄養不足人口の比率もどんどん減り、どこの地域でも平均寿命は上昇しています。

「マルサスの罠（わな）」という言葉があります。みなさんも教科書で学んだはずです。イギリスの経済学者トマス・ロバート・マルサスが『人口論』（一七九八年）の中で唱えた説です。「人口は倍々ゲームで増えるのに、農耕地になる面積は限られているから、人口が増えたら食糧増産が追いつかないで飢餓が生じる」というものです。

しかし、「マルサスの罠」を人類はクリアできそうです。一九五〇年に世界人口は約二五億人でしたが現在は七七億人になりました。マルサスの説に従うと、今、何十億人の餓死者が出ていてもおかしくないことになってしまいます。でも、そうはなりませんでした。

そうならなかった理由を、ノルベリは二つ挙げています。一つは、農業生産性の増加です。化学肥料、品種改良、農業技術の改善がめざましい増収をもたらしました。もう一つは、出生率の低下です。先進国だけでなく途上国でも低下に向かうようになり、世界人口のピークが見えてきました。最新のものでは、二〇六四年に九七億人でピークを迎えて、その後は減少するという予測があります。

もう一つ、ノルベリの本から「奴隷制」について紹介します。人類の長い歴史の大半は奴隷を合法なものとしてきました。究極の「隷従」ですね。「奴隷制」というと、みなさんは、一八六三年のエイブラハム・リンカーン米国大統領による「奴隷解放宣言」を真っ先に思い出すかもしれません。しかし、奴隷制を合法とする国や地域は、その後も世界のあちこちに残っていました。最後まで残っていたモーリタニアで一九八一年に奴隷制が廃止されましたが、さらにそれが刑事犯罪とされるようになったのが二〇〇七年でした(ノルベリ、二二〇頁)。なので、奴隷制合法がゼロに達したのは、二一世紀になってからだということになります。

もちろん、法的な禁止や処罰の制度化にもかかわらず、実態として現実的な奴隷状態の人たちはまだ残っています。債務奴隷や人身売買、強制結婚などです。しかし、ノルベリは、「それを原則として擁護する人はもはやほとんどいない」(同)と述べています。

日本国憲法の前文にある、「専制と隷従、圧迫と偏狭を地上から永遠に除去しようと努めてゐる国際社会」「全世界の国民が、ひとしく恐怖と欠乏から免かれ、平和のうちに生存する権利を有する」といった文言は、この憲法が公布された一九四六年にはまだ紙の上だけの作文だったかもしれませんが、その後の世界の歩みは、確かにこの方向に進んでいるといえます。専制や自由の束縛、貧困や格差など、まだまだ多くの問題が世界にはありますが、これまでのような努力を続けていけば、世界はもっとよいものになっていくでしょう。

核戦争の脅威

もう一冊紹介したいのは、米国のスティーブン・ピンカーが書いた『21世紀の啓蒙（けいもう）』（上・下、草思社）という本です。ピンカーの本でも、ノルベリと同様に、人口爆発が起きなかったことや、世界中で食料、衛生や健康が改善してきたことをデータで確認しています。それらだけでなく、事故やテロや戦争など、たくさんの種類の問題やリスクを統計データで検証しながら、多くの課題が以前よりもましになってきたことを論じています。ピンカーの議論は自分の主張に対する批判を一つ一つ紹介して、それへの再反論を展開するなど、綿密に議論を組み立てていて、説得力があります。

ピンカーは、さまざまな問題の改善の努力は引き続き重要だが、評論家やコメンテーターが口にする危機の大半は、人類の存続を脅かすものではないと主張しています。

しかし、ピンカーは手放しの楽観主義者ではなく、いろいろと検討した結果、二つの「真に深刻な脅威」がある、と論じています。それは、①核戦争の危機と、②地球温暖化問題の二つです。われわれが努力を怠っていると、破局的な事態が生じかねない、というのです。

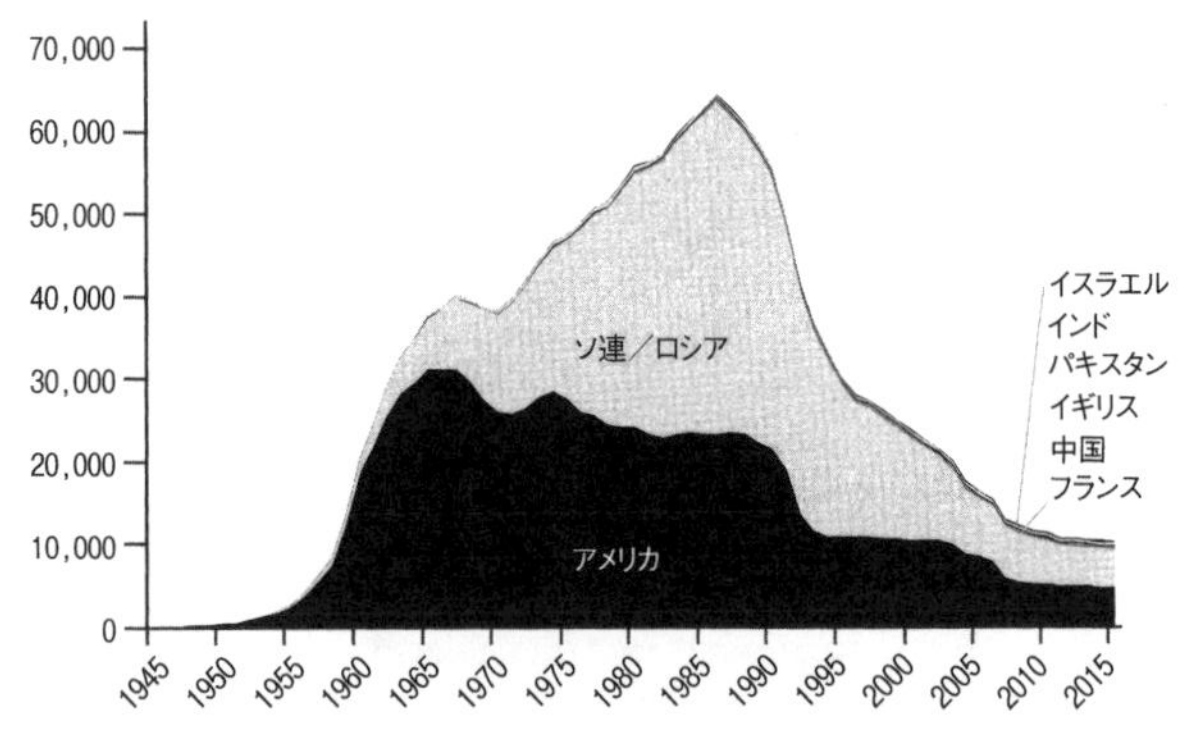

情報源：*HumanProgress*〈http://humanprogress.org/static/2927〉、米国科学者連盟、Kristensen & Norris 2016a のデータに基づく。Kristensen 2016 で更新。詳しい説明は Kristensen & Norris 2016b を参照。保有数に含まれるのは配備されているものと備蓄されているもので、使用が放棄され解体を待っている核兵器は除外されている。（ピンカー 2020 下）

図７－１　核兵器の保有数（1945-2015）

このように書くと、「ほら、ほらね。やはり人類はまもなく滅びるんだ！」と喜んでいる悲観主義者の人がいるかもしれませんね（そもそも喜ぶべき事態ではないけれど）。でも、ピンカーは、両方の課題とも、人類がしっかり取り組んでいけば、何とか危機を逃れることができるだろうと述べています。

一つ目の「①核戦争の危機」については、実は、一時期よりは状況は好転してきています。ピンカーが挙げているのが、図７－１です。全世界における核兵器の保有数は、冷戦時代末期の一九八〇年代半ばがピークだったんですね。私はこの本を読むまで知りませんでした。うかつでした。

その後も事態は前進しています。画期的なのが、二〇一七年に国連総会で採択された核兵器禁止条約です。発効に必要な五十か国の批准に達したため、二〇二一年一月に発効しました（残念ながら日本はまだ批准していません）。

この条約の何が画期的な点かというと、核兵器は「必要悪」ではなく「不必要だ」と言い切っていることです。「いかなる場合にも核兵器が再び使用されないことを保証する唯一の方法として、核兵器を完全に廃絶することが必要」だとしているのです。

だからといって、すぐに「核兵器は全廃されるんだ」とはなりません。それどころか、二〇二二年二月にウクライナに攻め込んだロシアのプーチン大統領は、核兵器の使用をちらつかせる動きまで見せました。核廃絶に向けた希望はあるけれども、まだまだ安心できる状況ではないのです。

地球温暖化問題

もう一つの「真に深刻な脅威」である地球温暖化問題（②）は、歩みは遅いけれど前に進んでいる状況です。地球の温度が数度上がると、人類も他の生物も甚大な被害を受けます。原因は、人間が出している二酸化炭素など、温室効果ガスです。

私がこの地球温暖化問題を初めて知ったのは、一九七〇年代の終わり、大学二年生の時でした。環境問題に関心を持つ友人が説明してくれました。本も少し読みました。「これは大変だ！」と思いましたが、当時の世の中はそんなことに全く関心を持っていないようでした。

ところが、一九九〇年代には、この問題への危機感が広がりました。一九九七年には、京都議定書が締結され、先進国に温室効果ガスの削減義務が課されました。主要国家間の取り決めのレベルにまで浮上したのです。このころから温暖化問題は、多くの国で大衆的にも関心を持たれるようになっていきました。さらに、二〇一五年のパリ協定では、すべての参加国を対象に努力目標が設定されました。

二〇二一年十〜十一月に開催された国連の会議ＣＯＰ26（第二六回気候変動枠組条約締約国会議）には、一九七の国と地域が参加しました。会議では、気候変動対策の基準が一・五℃に事実上設定され、石炭火力の段階的削減や、化石燃料に対する補助金の段階的な廃止を合意しました。

　先進国と発展途上国との間の思惑の違いなどもあって、もっと踏み込んだ合意までには行きませんでしたが、七〇年代末には想像もつかなかった広がりで、この問題への取り組みが前進しています。二〇一五年の国連サミットで加盟国の全会一致で採択された「持続可能な開発目標」（ＳＤＧｓ）でも、一七の目標の一つに「気候変動とその影響に立ち向かうため、緊急対策を取る」が入っています。人類が一致協力して、何とかしようと動いてきているわけです。

　このように、二つの深刻な危機は、前進しつつもまだ未解決です。また、世界の貧困や局地的な戦争は続いているし、小さな問題もたくさん起き続けています。生物多様性の保全の問題など、ピンカーが論じていない重要な問題も未解決なままです。第６章で書いたように、ＡＩ技術の進展により、新しい問題の可能性も出てきています。でも、巨視的にながめてみると、世界は以前よりもましになってきているといえます。核戦争の脅威や温暖化問題、生物多様性の保全などに、みんなが本気で取り組んでいけば、最悪の事態は回避できるでしょう。ＡＩ技術もきっと人類はうまく使いこなして、万人の豊かさや自由の拡大に活用していけると思います。

若い世代の皆さんには、「どうせ人類は滅びるんだ」などと悲観的になるのではなく、「グローバルな世界がどうなったらよいのか。そのためには自分に何ができるのか?」といったことを考えて、よりよい世界を作る努力をしていってほしいと、私は願っています。「明るい未来」は自然にやってくるのではなく、みんなの力で作っていくものなのです。

若い世代に期待する

「では、よりよい世界を作るために、どういう努力をすればいいんだ?」という質問が出てきますよね。私の答えは、「みなさんそれぞれで『自分は何ができるか、何をやりたいか』を考えて下さい。学校で学んだ知識を活用・発展させながら、きっと何かはできるでしょう」です。仕事でもいいし、ボランティアのような活動でもいいし、趣味としてでもいい。何かできることがあるはずです。

私が出会ったある企業の技術者の人は、「これまで接着できなかった物質Aと物質B

を接着する技術を研究している」と言っていました（物質名は聞いたけれど忘れました）。最初は「何でそんな研究をやっているんだろう？」と疑問を持ちましたが、説明を聞いて納得しました。物質Aと物質Bを接着できたら、製品の容量を大幅にスリム化できて、資源やエネルギーの節約ができるというのです。ああ、なるほど。それはすばらしい。

私の知り合いの清水睦美さんは、大学の教員をやるかたわら、外国人住民が多い神奈川県の県営団地で、外国人の子どもたちの当事者団体を作って運営してきています（清水睦美・すたんどばいみー編著 二〇〇九）。グローバルな時代の多文化共生という問題で、海外にルーツのある子どもたちがたくさんいる団地で、そうした子どもたちのエンパワーメントという具体的な課題に取り組んでいるわけです。

グローバルな規模の大きな問題Xをダイレクトに一人の力で何とかするのは困難ですが、問題Xの中の個別の問題（x1、x2、x3…）のどれかについて関心を持ち、さらにそれに関する具体的な課題（p1、p2、p3…）の何かに取り組むといったやり方で、一人ひとりに何かができるはずです。

私たちが暮らすこの世界は、以前よりはましになっているものの、まだまだ問題だらけの不完全な世界です。たくさんの取り組むべき課題があります。また、ＡＩ技術の発展が大量失業や経済の二極化にならないよう、核戦争や温暖化が地球の破局を生まないよう、私たちはみんなで努力していく必要があります。一人ひとりが力を合わせてやるべきこと、やらなければならないことは、たくさんあるのです。

目先の利益とか、自分の家族のことだけに気をとられているような、いまの大人たちは情けない。学校の先生も、テストのこととか入試のことばかり口にするような先生には期待できません。

私は若い世代の皆さんに期待をしたい。どうか、「家庭・友人・学校のありふれた日常」を超えたところで〈自分探し〉をしていってください。皆さんには、「平和で民主的な国家及び社会の形成者」（教育基本法）になってほしい。よりよい世界を作り出すためには、若い皆さんの力が必要なのです。

新谷周平　二〇〇二「ストリートダンスからフリーターへ――進路選択のプロセスと下位文化

の影響力――」『教育社会学研究』第七一集、日本教育社会学会。

清水睦美・すたんどばいみー編著 二〇〇九『いちょう団地発！ 外国人の子どもたちの挑戦』岩波書店。

広田照幸編著 二〇〇八『若者文化をどうみるか？――日本社会の具体的変動の中に若者文化を定位する――』アドバンテージサーバー。

ノルベリ、ヨハン、二〇一八『進歩――人類の未来が明るい10の理由――』山形浩生訳、晶文社。

ピンカー、スティーブン 二〇一九『21世紀の啓蒙――理性、科学、ヒューマニズム、進歩――』（上・下）橘明美・坂田雪子訳、草思社。

ちくまプリマー新書401

学校はなぜ退屈でなぜ大切なのか

二〇二二年五月　十　日　初版第一刷発行
二〇二四年三月二十五日　初版第八刷発行

著者　広田照幸（ひろた・てるゆき）

装幀　クラフト・エヴィング商會

発行者　喜入冬子

発行所　株式会社筑摩書房
東京都台東区蔵前二－五－三　〒一一一－八七五五
電話番号　〇三－五六八七－二六〇一（代表）

印刷・製本　中央精版印刷株式会社

ISBN978-4-480-68428-8 C0237 Printed in Japan